WEALTH

天窗出版

10倍速獲利

揭示新經濟的爆升商業模式

林子俊　著

目錄

第 1 章　新經濟股　純利增長率為決勝點

第2章 5G產業鏈長 收成期各異

第3章 新零售 線上線下完美結合

目錄

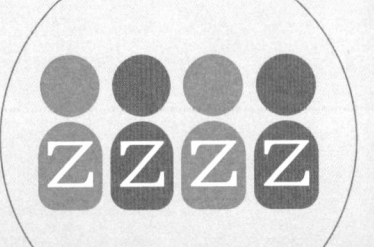

第6章 共享經濟的前途

推薦序

劉央
西澤投資管理主席 ——————————————

我們生活在一個數字科技日新月異、新生事物目不暇接的時代。對每一個組織、每一個人，如果不能隨着時代的步伐及時更新迭代自己的認知體系，就很可能被時代的大浪擱淺在沙灘上。而那些勇於探索、不倦追尋、求知若渴，時刻抓住新技術、新模式的企業家、創業者和投資人，才能看到商業洪流的暗湧、市場波浪的起伏和金融潮汐的律動，才能在別人還在猶豫和疑慮的時候，提前發現並抓住了風口。

所以這也是一個充滿奇迹、不能辜負的時代。第四次工業革命的浪潮裏，不僅僅數字產業自身的崛起和壯大，零售、製造、金融、娛樂等傳統行業，也因為數字科技的賦能而變得充滿新奇和活力。從互聯網+，到數字+，到智慧+，科技正在深刻的改變着人們的生活、工作和娛樂休閒。時代的畫面不是緩緩展開，而是像幻燈片一樣快速翻頁。當你還沒有完全體驗完1.0的時候，2.0、3.0都已經

迭代升級完成。這種變化的節奏是湧現式的、跳躍式的，完全不同於傳統工業時代的線性式的、連續式的。只有認識到這些，才能把握住這個時代變遷的基本規律。

這其實就是趨勢的力量。大勢面前，個體都不過是螳臂擋車，唯有追隨，唯有與波浪共舞，與大勢為伍，做周期的朋友。這是我近三十年的投資經歷得出的一點心得。大部分人信奉價值投資，並將其與趨勢投資嚴格區分。這在過去工業化時代，信息和數字革命的前夜，預期現金流可預測的環境裏，或許可以成為投資的不二準則，然而在當前這個充滿不確定性、時刻都在孕育神奇的數字化時代，這個過去未去、未來已來的代際交疊時刻，經典的價值投資模式也需要進行迭代升級。以過去已經無法預測未來，但以未來可以重新定義現在。這就是我一直崇尚的新趨勢投資範式。

林子俊先生的著作，就是一本在數字化浪潮的大趨勢下，專門探討新技術、新模式、新經濟的著作。作者敏銳的捕捉到了數字技術深化在新零售、電商直播、共享經濟等領域引發的變化，並結合自身多年的股票投資和評論經歷，從專業投資者、評論家的視角去看數字時代湧現的新模式和新機遇，能讓人更好的發現趨勢、洞見未來。在這一點上，我和林子俊先生有相同的認識。所以我推薦這本書，因為它告訴我們的不是已經發生和正在發生的，而是即將發生的。

推薦序

黃思語

仁愛堂第四十一屆（庚子年）董事局總理

百年樹人慈善基金會2020-2021副會長 ——————————

此書能深入淺出地讓大家了解到現時市面上眾多電商平台的商業模式，令讀者明白到萬億市值的電商行業是怎樣誕生的，對投資者和想進入新經濟行業的新力軍提供了重要資訊。

推薦序

蔡華
CFA，陸金所（國際）有限公司行政總裁

和Colin相識多年，一直被他敏銳的商業直覺和前沿的投資理念所吸引。這本著作，用一個投資人，參與者的視角去捕捉和詮釋新經濟，新零售，年輕經濟，共享經濟等前沿領域正在發生的變化和機會。不論你是專業的投資人，希望了解行業的前沿；還是一個對未來生活變化充滿興趣的年輕人，這本書都推薦你來讀。

推薦序

趙進傑

中國海通證券有限公司私人客戶服務副行政總裁 ──────

正如子俊（Colin）所講，近年投資市場上的確出現了不少新詞，但談論得最多的新詞必然是「新經濟」。「新經濟」是一個很籠統的說法，簡單而言指的是以大量使用創新方法或新科技來生產的經濟，尤其是依賴電腦、電訊和互聯網來生產、銷售和分銷商品和服務的行業。

新代表的是改變，馬雲曾說過：「改變是痛苦的，但不改變會更加痛苦」。「新經濟」如是，投資市場更是如是。作為子俊曾經的上司，雖未算與子俊一同經歷改變，也算目睹子俊如何銳變，趕上這班「新經濟」號的列車。

適應改變的最佳方法是了解，此書正好為讀者提供了新經濟行業中數個最值憧憬方向的發展背景及行業形勢，其中更透過案例

（WeWork）分析，讓讀者了解新經濟的洪流縱勢不可擋，但一如投資市場每一次泡沫爆破的經驗告訴大家，良好的商業模式和企業管治方為企業成功的不二法門。

此書雖不至於讓讀者一窺新經濟行業的全豹，但絕對可為讀者開啟了解新經濟商業模式的一扇窗口。

自序

不知道從甚麼時候開始，投資市場上出現了不少新詞。單看2020年COVID19疫情下，地毯經濟，直播帶貨，宅經濟，囤貨式購物，遠程辦公經濟學等新概念應運而生，甚至孕育出不少新的企業和商業模式。不少大公司如亞馬遜（AMZN.US）和阿里巴巴（BABA.US），都單獨成立部門發展這些新業務，更不用說新孵化或轉型的一大批中小型公司。

儘管如此，很多熱門的概念和風口，並不是有很多人知道其商業邏輯。是否傳統行業加入一些新元素就可以成功轉型？就算成功開展了新業務，一年之後，還有多少公司可以堅持下來？最終又有多少公司可以真正從中賺錢？

筆者曾從事上市公司研究，基金投資領域一段時間，也嘗試從零開始打造互聯網金融和直播電商項目，見過很多公司成功，當然更多

的是失敗。深刻體會到一間公司商業模式的重要性。底打得好，商業架構搭建得完善，遇上熱門風口自然就會起飛，相反商業邏輯不清晰，本身基礎缺乏，就算身處再熱門的範疇，只會吃力不討好。

由於熱門概念出得太多太快，因此本書主要分享筆者認為來未來五年最有潛力的數個範疇，包括5G，新零售，年輕經濟和共享經濟。其中新零售已經有不少巨頭佔據市場，但筆者深信行業內未來依然會有機會出現多兩至三家數千億市值的企業，尤其是生鮮電商和直播電商。年輕經濟則是從95年或之後出身的用戶角度出發，探討不同公司是如何針對小眾市場或特定群體做生意，要知道年輕就是本錢，也非常值錢。共享經濟的商業模式非常超前，很可惜目前大部分的案例都是失敗融資後的慘淡收場，本書主要會探討究竟這些公司失敗在哪裏，以及以此為鑒謹慎看待下一個同類的企業。

當然，筆者也非常願意和大家分享作為一個金融從業員，平時是如何判斷和對上市公司進行估值分析，短中長線會如何選擇入場時機，其中有一些小技巧從概率上，非常適合散戶或非金融人士參考。

再次強調，本書並不是炒股票教程，但對炒股票相信也會有一定幫助。許多新研究員入行的時候，第一件工作往往會是讀上市公司年報和複盤過往數次金融危機和牛市的背景，讀得多，起碼紙上談兵才會有內容。奈何這些材料往往需要一些金融知識加上師傅教路才可以讀出味道。因此本書會盡量通俗易懂，希望讀者可以當看故事一樣就可以從中吸收到一些有用的知識，假若大家投資時候可以想到本書的商業模式和案例並且幫助到分析，筆者已經非常開心。

第 1 章

新經濟股　純利增長率為決勝點

1.1

市場買的是「未來價值」

隨著筆者工作得越長時間,越來越不喜歡太浮誇的公司規劃和業務
發展戰略,相反,一些專注及專門的賽道更容易讓人看得透。有不
少客戶經常問筆者一個問題:假如已經上市的科技股或新經濟股,
究竟如何判斷其估值?筆者曾經在多個國內外研究平台發表過類似
的研究,反饋非常不錯,下面筆者會加入最新的體會和認知供各位
參考。

「科技改變生活」從來都不是一句口號,然而除了生活之外,科技
正在逐步改變環球的投資市場。十年前美國最大市值的公司,基
本是能源、基礎建設和銀行。現在美國市值最大的公司,是蘋果
(AAPL.US)、谷歌(GOOG.US)、微軟(MSFT.US)、亞馬遜(AMZN.
US)和Facebook(FB.US);十年前騰訊(0700.HK)還只能仰望工

商銀行（1398.HK），現在騰訊和阿里巴巴（BABA.US）的市值都將「宇宙最大行」甩在身後。

騰訊股價十年翻逾300倍

美國納斯達克的走勢，從2009年1,577點開始上漲，2020年已經上漲到11,695點。而騰訊的股價，十年間翻了300倍以上，關於投資者的泡沫夢魘是否會重現的擔憂也不斷被提起。

高盛早在2017年6月9日公布針對科技公司的研報，其中不少是已經上市的新經濟企業。這不是第一份看空的報告，相信也不會是最

後一份。事實上自2014年開始，就有觀點認為科技公司不值這個價錢，尤其是特斯拉（TSLA.US）和京東（JD.US），從頭到尾就沒有太多好聽的聲音，但另一方面，科技股卻越漲越高，盈利越來越好。假如各位讀者想投資科技股尤其是熱門的新經濟股，「泡沫爆破」這個詞很可能會經常聽到。

圖表1.11　騰訊（0700.HK）股價走勢

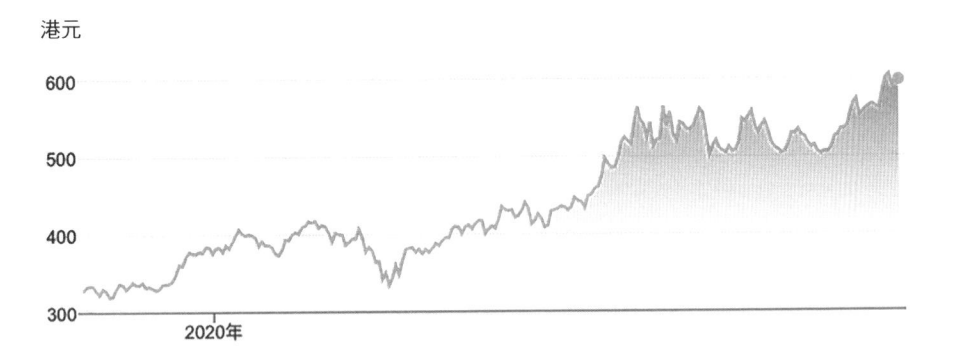

市盈率估值不同

工商銀行為例，收入和淨利潤都完美超越騰訊和阿里巴巴，當然和蘋果相比還是有一定差距。尤其工行作為國企背景，營收相當穩

定，因此在年初騰訊市值首次超越工行市值的時候，已經有聲音認為科技股存在泡沫。

但事實是，騰訊和阿里巴巴的市值在超越工商銀行後繼續飆升，差距越來越大。聰明的讀者相信已經發現，導致這個現象主要的原因是市盈率（估值）的不同。

從本益成長比率（PEG）來說，近三年騰訊和阿里巴巴年純利增長維持在20%以上（2014年阿里巴巴受美國上市的財務支出拖累出現負值，剔除一次性支出後增幅約26%），複利增長超過30%。相反工行淨利增長率從2013/14財年的10%，一直回落到2015/16的0.58%，基本可以忽略不計。

當然淨利和股東回報還是有一點不同，然而其增長速度的快慢還是相當有意義的。所以大家應該不難理解為何阿里巴巴和騰訊的市盈率可以上到50倍以上（比蘋果公司還高），而工行不到十倍，因為市場買的是企業「未來價值」。

更何況，工行已經37歲了，而騰訊是根正苗紅的「90」後（1998年成立），阿里巴巴1999年才成立。傳統產業和新興產業比較雖非完全沒有意義，但參考價值不大。正如拿一個研究員去跟吳彥祖比誰底薪高，行業差異太大其實沒有可比性。

dot.com 還會重現麼？

巴菲特曾經說過看不懂科技股,同時不買「看不懂」的公司,而千禧年的科網股崩盤證明了他的先見之明。如果投資者還沒有經歷過或已經忘記當時的慘烈情況,這裏可以回顧一下:2000年3月10日,納斯達克指數達到巔峰的5,132點,而重返這一巔峰,納指用了16年。

隨著互聯網公司財務惡化以及財報造假、高管減持套現資訊披露,意味著泡沫已經到達了極點。2000年4月3日,微軟壟斷案宣判創下單日最大跌幅,宣告泡沫正式破裂,納斯達克指數一年時間下跌超過60%。

倒楣的是,在微軟壟斷案宣判的10天後,新浪網在納斯達克宣布首次公開發行股票(隨後還有網易和搜狐),招股價每股17美元,跌的最慘時一度跌至每股1美元,天知道這中國門戶三兄弟在當年經歷了甚麼……

如果看指數還不夠刺激,可以看看李嘉誠旗下一家科技公司TOM.COM(2383.HK)。

這是家甚麼公司呢?

按照當時的招股書介紹，基本就是只有一個網站，並沒有任何實質業務。然而就靠科網股的概念，股價招股時萬人空巷，瘋狂的市民搶奪白表（新股認購單），白表價格甚至炒到100元一份。結果股價以1.78元開盤，首日股價大漲3.35倍，刷新當時的IPO首日最大漲幅。但隨著科網股泡沫爆破，Tom.com的股價直接從14元跌到不到2元，塵歸塵，土歸土……

圖表1.12 Tom.com（2383.HK）股價走勢

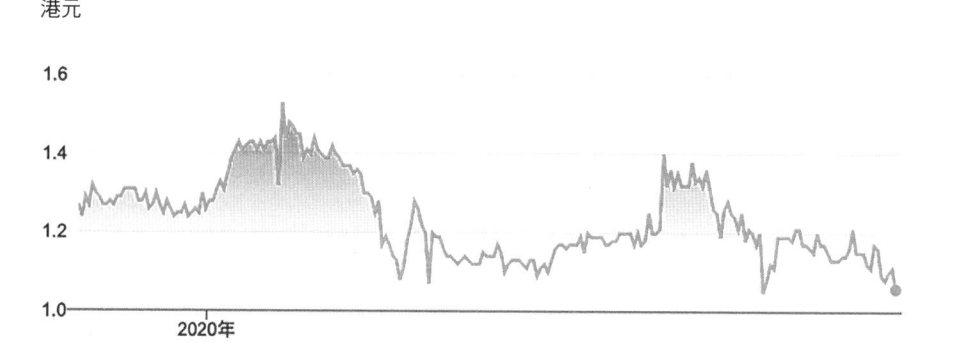

併購再不是為了虛晃

對比目前上市的新經濟企業和千禧年的科網股，可以發現兩者有著十分明顯的區別。

從資本併購端，2000年時，連地產公司、基建公司為了增加科網元素都紛紛通過併購一些對原本業務沒有絲毫幫助的互聯網企業，目的很明確，只是為了吸引市場資金的注意力。其中最經典的就是李嘉誠二公子李澤楷，在48小時內籌資10億美元本金，外加貸款130億美元收購電信盈科的經典戰役。1300%的槓桿比率，連現在的恒大地產都只能自愧不如。

相反目前科技公司併購主要圍繞產業鏈布局。例如Google為了發展可穿戴式設備，決定併購硬體製造企業之餘，還收購了Cronologice（一間智能手錶操作系統商）。而阿里巴巴為了實現「新零售」布

局，選擇收購銀泰，並入股蘇寧和聯華超市；Facebook為了擴大用戶規模併購Whatsapp，亞馬遜想透過併購抖音海外業務進軍新媒體營銷。

企業盈利角度對比，2020年和2000年時的環境也大不同。正如Tom.com的例子所述，在當時，公司沒有盈利不要緊，甚至有沒有實際互聯網業務都不重要，只要有概念都可以上天。

市場看重「月活躍用戶」

可是投資者還是要看個估值指標呀！為此華爾街苦思冥想，最後確定用「P/S」（市銷率，Price Sales ratio）指標。比方說雅虎巔峰時候市值是600億美元，而當年的銷售額是20億美元，對應的P/S就是30倍，聽起來也不貴嘛。

十年後，P/S的概念還有一些人會提起，但估值的方式普遍更加成熟。即使是同樣沒有盈利的公司如美圖公司（1357.HK），市場更加看重的是MAU（每月活躍用戶）數目，通過對比其他同類型的APPS轉現能力估算貼現現金流(Discount cash flow)模型，得出相對合理的估值。

這裏有沒有水分？肯定有。

然而水分是否很多、估值是否很瘋狂，美圖跌回來後，憑藉數億月均活躍用戶，估值是61.67億港元。要知道2000年時，隨便一家月千萬瀏覽的公司估值能達到數十億。如果考慮到目前中國和美國科技公司佔GDP比例已經處於世界領先地位，所以兩個地區科技股享受一定的溢價並不能說完全是泡沫。

新股或新興題材的角度反而是最值得擔憂的。以國內最近流行的共用單車、共用充電寶為例，商業模式並不成熟，資本卻對風險似乎視而不見。因為在國內，很多資本方看重更多的，是有沒有下一個人接手。只要能找到下家，就願意給企業更高的估值。所以相對於已經上市的企業，一些正在進行一輪或二輪融資的初創企業，泡沫和水分或許更加大。

圖表1.13　美圖公司（1357.HK）股價走勢

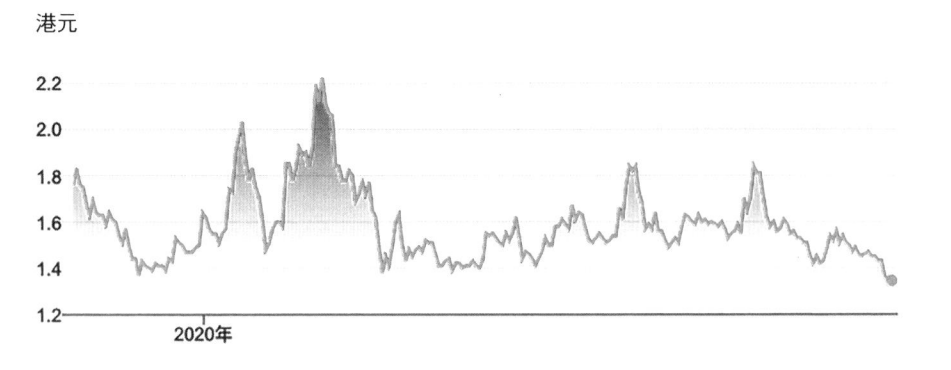

港元

科技龍頭股成日常消費板塊

高盛在〈Is「FANG」Mispriced〉文中指出，科技龍頭盈利和再通脹環境使得科技板塊成為整個市場絕大部分增長來源，以龍頭股為首的整個科技股板塊也正越來越受「增長」、「動量」等因素影響。假如剔除頭部的股份，整個納斯達克板塊回報頓時走樣，簡單而言，就是強者越強。

科技龍頭股回報率所展現出的與利率負相關、「低波動」特徵，也讓它們越來越像一個新的「日常消費板塊」。龍頭股一路飆升的市值和初創科技縹緲的「概念」令市場擔憂，然而自「市場」的概念誕生以來，其參與者投機性、非理性的特點就從未消失過。我們有甚麼理由期待在歷史的每一次「新經濟」面前，投資者就能充分發揮「理性」的智慧了呢？

遲遲不扭虧　好概念也徒然

新經濟企業本身的商業模式決定了其前期投入大、盈利回收周期長、現金流時間分布極不平穩等特點，可以說其「風險性」本身就是風險資本所追逐的，這種信念和預期並不會自覺地戛然而止——直到遇到阻礙。現實是，浪潮退卻後才知道誰在裸泳。千禧年的科

網股爆破前，市場大部分人都相信未來世界網站化會很賺錢；雷曼爆破前，大部分人都相信地產信託很安全；至今，是否所有的創新科技最終都能成功或轉型？答案是未來兩三年肯可能會消滅一半。換言之假若一間公司遲遲不能扭虧，即使概念再好也需要注意。

科網泡沫的誕生

上世紀六七十年代，美國傳統的產業競爭能力逐漸開始受到西歐、日本等國家地區的挑戰，傳統製造業式微，美國開始尋求經濟突圍的新思路。為進一步刺激經濟發展，1989年起，美國進入一輪三年的降息周期，寬鬆貨幣環境、釋放流動性。

90年代初降息周期結束時，經濟增長確實得到提振，納斯達克與標普500指數同期微漲，降息釋放的流動性並未大幅傳導至資本市場。然而伴隨著互聯網概念的興起，90年代的第二次降息對於資本市場則如洪水猛獸。

可以看到，1998年下半年美聯儲三次下調聯邦基金目標利率共75個基點後，也打開了潘多拉的盒子，納指開始了它最瘋狂的一次表演。在1998年8月至2000年2月的一年半時間中，納指從1,500點一路飆升至將近4,700點，累計漲幅約313%。至1999年中，標普指數自降息起已累計上漲近40%。

在這期間，美國經濟數據持續向好，失業率數據已低至4%左右，再加上資本市場的火熱狀況，引起了聯儲對經濟過熱的擔憂。於是聯儲自1999年中開啟了持續一年的加息周期。

科網泡沫的破裂

金融市場對美聯儲貨幣政策的反應很大程度上取決於投資者情緒，但其方向和時點是不確定的，很多時候也是不夠可靠的。在1999年開始的加息周期早期，伴隨良好的經濟數據，市場明顯將加息決議視為對經濟上行趨勢的確認；而三個季度後，貨幣緊縮效應開始傳導至金融市場，2000年2月開始美國國債中期收益曲線出現倒掛，至2000年6月兩年期美債收益率相對十年期收益率高近4,000個基點。此時納斯達克剛經歷完3至5月一輪高達25%的持續暴跌，開始了第二輪小高峰。儘管VIX指數顯示市場恐慌情緒持續穩定走低，但資金面卻不這麼說。

自2000年7月起，短期美債收益率開始攀升。8月份，納斯達克指數到達它第二個也是最後一個高峰，加息周期進入尾聲，聯邦基金目標利率達到高點，同期美債收益率短期相對長期嚴重倒掛，三個月短期美債收益率比十年期收益率高約5,800個基點。

這意味著市場上短期資金已相當緊張。而互聯網股在享受了兩年的估值紅利之後，拋開真實盈利情況不談，此時的他們不說是在泡沫裏游泳，也一定是在刀尖上跳舞了。然而市場是否認識到了這一點呢？

同期VIX恐慌指數達到了階段最低點：市場對攀升的納斯達克睜著一隻眼，卻對緊縮的資金情況閉上另一隻眼。在隨後到來的9月，納斯達克開始一瀉千里，八匹馬都拉不回，至2000年底在四個月內累計下跌41%。聯儲慌了，年底之後開啟一輪緊急降息，也無法拯救一路攀升的失業率數據。

之後的故事我們都知道了，「互聯網泡沫」這個詞刻在了21世紀金融史的第一頁。而聯儲那一輪持續到2004年的寬鬆政策也為後來的房地產泡沫埋下了隱患。

簡單概括，當時科網股泡沫破滅固然有公司本身的內在因素，成也蕭何敗也蕭何，短期資金流動性也是其中一個致命的因素。這點，是否和國內2015年的牛轉熊很像？

1.2

由量變到質變的
估值方法

有些已經上市的「黑科技」離我們很遠，比如特斯拉（Tesla）老闆全球招募志願者殖民火星的計畫；有些卻離的很近，比如國內滿大街跑的共用單車和滴滴打車。對於普通百姓來說，產品好用不好用，可以作為評判黑科技價值的唯一標準；但對於投資者來說，卻沒有這麼簡單粗暴的捷徑。因此給科技公司估值，就成了一門很有意思的學問。

以曾經最熱的共用單車領域為例。

根據創始人的公開表態，ofo小黃車2017年6月份融資的估值為30億美元；而2017年3月份該公司D輪融資估值才10億美元。再往前推，2016年4月份這家公司的估值僅1億元人民幣。也就是說，

有一種神秘的力量，讓投資者對共用單車這一尚未盈利的商業模式估值，在短短一年多中翻了200多倍。

就算是相對透明的二級市場，對科技公司的估值也一直眾說紛紜。為甚麼蘋果的PE只有十幾倍，而亞馬遜卻能幾十甚至上百倍？2020年之前大家都說科技股估值已然不便宜，可2020年普遍漲了40%之後，為甚麼說其便宜的聲音卻更多了？

美國四大科技公司「FANG」中，只有蘋果公司（AAPL.US）以賣實體產品作為主要的收入來源，但就是這麼一個賣手機和電腦的公司，以1.9萬億美元市值貴絕全球。

無獨有偶，智能車製造商特斯拉（TSLA.US），在2020年以超過4,000億美元的市值超越福特和通用汽車，成為業內「一哥」。蘋果手機？特斯拉？投資市場用現金來對這些科技產品的未來進行投票時，究竟用甚麼來決定高低的呢？

產品的估值模型

對於產品的估值，教科書上有如下說法：

$$Pot(t) = Pop(t) \times Tek(t) \times Awr(t) \times Avl(t) \times Buy(t)$$

其中：

Pot(t)＝t時點的市場潛力（潛在購買者人數）

Pop(t)＝選定的市場區域在t時點之人口基數

Tek(t)＝t時點的科技實現程度

Awr(t)＝潛在購買者中知曉產品的情形

Avl(t)＝產品的可接收性

Buy(t)＝潛在購買者在t時點購買的意願

如果用「人話」來解釋，大概就是今天我要開一家車仔麵店，如何估算我這家店值多少錢呢？

這取決於：1、每天經過我店門的人流，2、我的車仔麵比別人家好吃的程度，3、路人甲乙丙需要多少時間知道我的車仔麵好吃，4、能接受吃車仔麵的人的百分比（有些人天生不喜歡吃麵）以及5、上述知道我的車仔麵好吃並且剛好路過還要能吃車仔麵的潛在消費者中，實際會購買我家車仔麵的人數比例。

如果把模仿和創新的系數同時考慮，那麼還有一個更複雜一點的公式：

$$Adpt = Ino(Pot\text{-}Cumt) + Imi(Cumt/Pot)(Pot\text{-}Cumt)$$

蘋果賣的是必需品

從股價走勢反推，可以很確定是iPhone的火爆帶動蘋果公司估值上升。在第一代iPhone發布後，經濟危機對於公司股價帶來的只是短暫影響，而強勁的銷售和全球手機普及的潮流下，巴老一改多年以來「不碰科技股」的觀點，在2016年大筆買入蘋果公司（總共價值1,200億元人民幣），並成為主要股東之一。

雖說此次交易並非巴菲特親自操盤，但按照其在2017年股東大會的說法，蘋果公司變得吸引是因為其產品已經從高科技產品變成必需消費品，而這種產品黏性帶來的收入是穩定的，因此符合他的胃口。

換句話說，巴菲特還是喜歡吃肉，買蘋果的原因是因為這家公司已經從雞蛋變成了雞。必需消費品就是人們已經習慣了存在的產品，例如每家飯店總會有可口可樂，每個一線城市大型商場總會有耐克（Nike）或阿迪達斯（Adidas）。

蘋果手機累積銷量超過10億部，從2007年開始累積的「果粉」數量超過一億人。此外，蘋果的用戶忠誠度是十分高的，換言之每一代蘋果手機的更新，總能吸引到相當部分的消費者進行重複購買，其品牌本身已經形成了護城河。

套用教科書公式：

對蘋果而言，Awr(t)以及Avl(t)將會無限接近於最大值。

即使蘋果手機保持過去10年的運營情況，也能夠享受市場自主發展的紅利。公司現金和淨資產不斷增長從側面證明了這個觀點。所以蘋果已經不玩科技，而是玩消費。

這也是為甚麼伴隨著2016年下半年以來全球經濟增長加快，蘋果的估值除了iPhone 8的預期的溢價外，發達國家整體消費能力的提高同樣有助於股價和估值上漲。到了後來，iPhone雖然被認為缺乏新意，但由於環球消費能力提升，美股連續牛市，帶動了消費意欲，反過來也推動了蘋果的股價上升。就算疫情之下，iPhone12在國內銷量也相當不錯，可見iPhone已經從奢侈品變成了消費品。

好公司ROE應逾15%

巴菲特的這一邏輯，或許顛覆了很多傳統用總市值減去蘋果淨資產然後估算PE演算法的觀點，打開了不少分析員的腦洞。如果大家再看蘋果公司的營收情況，不難發現收入增長除了2015年外，都維持在個位數甚至負增長，這和傳統對於「科技股」的理解是不同的──科技意味著高速增長。

一面倒的負評下，公司股價卻在近5年節節攀升，此時如果用必須消費品的角度去思考就解讀的通了。還有一個參數可以猜測巴菲特眼中蘋果公司值多少錢。

按照巴老的說法，一個好的消費公司股本回報率（ROE）應該達到15%以上，而蘋果公司的ROE，過去十年平均保持在30%以上。如果蘋果公司沒出甚麼冬瓜豆腐，ROE即使回落至15%，對應的估值也會突破兩萬億美元。

圖表1.21　蘋果公司（AAPL.US）股價走勢

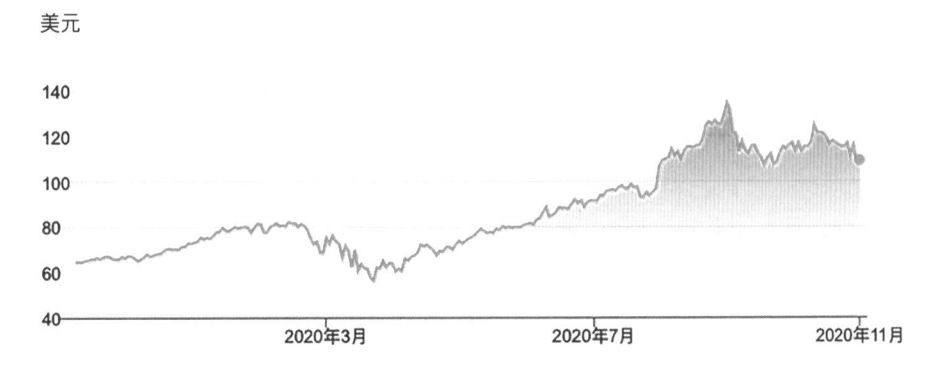

特斯拉的估值爭議

樂觀的人說，特斯拉對標的是蘋果！沒有人否認特斯拉的車和蘋果的手機一樣，都是很酷的產品，在用戶角度有很多窩心的設計。然而兩者也有太多的區別。單看毛利兩者就不是一個量級。蘋果公司基本不會自己生產，絕大部分產品通過全球代工（OEM）來製造。沒錯，就是之前被沽空的瑞聲科技，還有在員工宿舍裝安全網的富士康。

高負債、低銷量、交付量從來沒有達標、技術壁壘沒有到絕對領先的地步等，都是市場對特斯拉的攻擊點。當然還有馬斯克身邊女性伴侶的花邊新聞，可以寫滿十來份精彩絕倫的報告。

先不管特斯拉有沒有最終利潤，毛利就低了蘋果一大截。主要原因是馬斯克發現無法套用蘋果的代工模式後，決定自己單幹。從建廠到創造獨家的機械，再聘請專業的技工操作。不僅僅是製造車，為了讓車能跑起來，特斯拉同時還要兼顧鋰電池和充電樁的研發。

汽車的製造和手機生產的複雜程度完全是兩個量級的，而特斯拉的高標準意味著難以通過國際化分工來降低採購和製造成本，因此在目前極少的產量下，毛利率和蘋果也相差了15%以上。

所以有的人說，蘋果的貴才是真心貴，特斯拉賣的絕對是良心價。Model 3起步價僅僅3.5萬美元，比Model S便宜一半，天知道到時候毛利率將會降到甚麼程度。

特斯拉是汽車股？

把特斯拉對標傳統汽車股無疑是一個坑，一個專門埋葬分析員的坑。回看2016年的報道，美銀美林分析師John Lovallo發表報告指出對特斯拉的發展存疑，目標價為66美元；「末日博士」麥嘉華指特斯拉股價將會變成0美元；還有美國投行Cowen&Co.的分析師

Jeffrey Osborne發布研報指特斯拉估值最多值160美元……這裏大部分觀點都是把特斯拉和傳統的汽車股做比較,因此認為其估值完全是不合理的泡沫。

而現在,特斯拉股價在一片質疑聲中已經升到了逾420美元。確實,特斯拉目前累計交付的車輛,還不夠通用汽車一個車型一年的銷量。一直到現在,特斯拉很少實現過他預計的交付目標,幸好的是,特斯拉已經實現了連續第四個季度盈利。

對於新的特斯拉,市場的觀點應該是汽車+能源。首先是汽車領域,特斯拉和蘋果的生意策略非常不同。蘋果搶佔的是過去售價一直在300美元以下的手機用戶,用革命性的科技配合500美元以上的售價迅速搶佔高端市場並且形成壟斷。

而特斯拉則是採用高配置高售價的汽車Roadster吸引眼球和投資金,隨後Model S開始進入中高端市場迅速擴大銷售額,最終計畫是通過低價和現象級數量的低配置Model 3形成規模化和行業壁壘。

套用巴菲特必須消費品的觀點,只有當用戶數目到了非常龐大的量級,才能形成足夠強大的行業壁壘引起社會潮流。

手機即使提高價格到1,000美元還是有足夠多能消費得起的客戶,然而汽車連稅超過20萬美元一台的售價,就一定會阻擋絕大部分潛在的客戶購買的能力。

特斯拉明顯不想成為法拉利或蘭博基尼這種奢侈品──3.5萬美元，加上補貼售價壓到2.8萬美元的車款，才是特斯拉真正的意圖──我的車比你酷，還要比你便宜，而且智能系統還不錯。

蘋果手機從零開始到現在只過了10年時間，現在蘋果公司的市值比手機領域後面10個品牌加起來的總市值還高。同理，市場看好的是特斯拉Model 3形成潮流後，估值或許將會是十個大眾。筆者也看好特斯拉的前景，及時經濟前景不佳，相信也會有足夠的消費者購買（因為產量相對其他車廠還是太小了）。

圖表1.22　特斯拉（TSLA.US）股價走勢

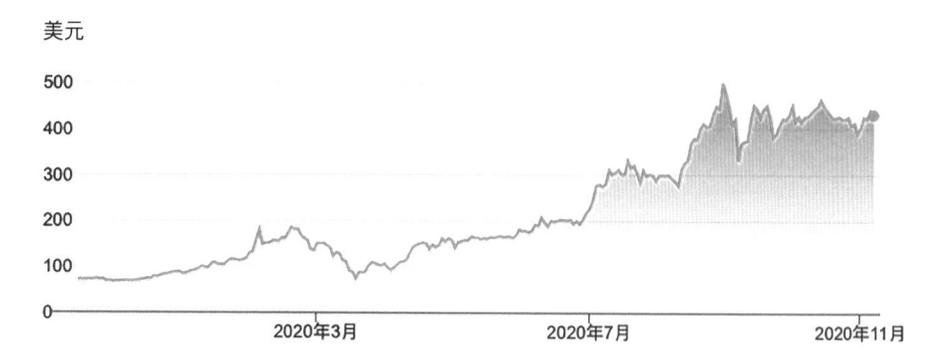

美元

500
400
300
200
100
0

2020年3月　　　2020年7月　　　2020年11月

1.3

新經濟股的
黃金買入點

市面上有不少投資的公式，其中絕大部分都很美好，但新經濟股的投資並沒有固定的演算法，估值也沒有標準答案。市場上有太多的報告分享阿里（BABA.US）、騰訊（0700.HK）和蘋果（AAPL.US）的股價輝煌大漲，卻很少人回顧百度（BIDU.US）、Facebook（FB.US）剛上市時候的黯然慘淡，更不用說挖掘下一顆「蘋果」的入場時間點，以及幫助投資者縮小新經濟股公司的選擇範圍。

在探討了千禧年科網股泡沫以及新經濟股的估值後，這篇筆者將複盤新經濟企業的股價變化，從投資入場時間點把握角度，嘗試探討如何通過投資新經濟股賺取盈利。

探討一：新經濟股上市必升是慣例？

不知從甚麼時候開始，很多人談及百度時候總喜歡帶有負面的評價，尤其是莆田醫院事件曝光後（某些非法商家只需要花錢就可以在百度的搜索上有更多曝光和推薦），內地一邊鬧一邊用百度搜資料，成為市場一時熱話。 再發展到現在，資本市場對於百度的關注已經越來越少。

假如時光能夠倒流到百度2005年掛牌首日，當時的百度卻可以用威震美國為中國爭臉來形容：以27美元的價格掛牌，不到3小時內突破100美元一度漲至151.21美元，上漲450%，最後收盤122.54美元，上漲了超過3倍。

2003年時百度尚且虧損890萬美元，而上市時收入已達1.11億美元，利潤則有1,200萬美元，其中05年第一季度的盈利猛增了140%，達到250萬元。根據百度在招股說明書中公布的財務數據，百度股票發行價的市盈率達到540倍，開盤首日收盤價的市盈率達到2,450.8倍，放到現在也是驚人的數字。

圖表1.31 百度（BIDU.US）股價走勢

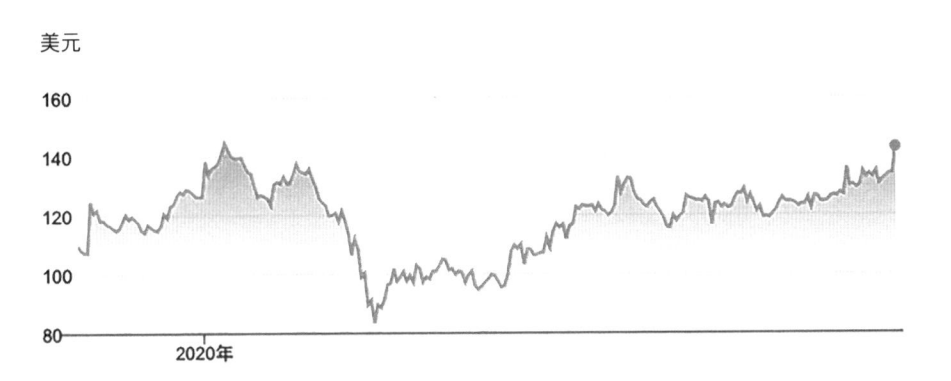

作為對比數據，Google（GOOG.US）市盈率那時為85.66倍。在納斯達克上市的其他兄弟網絡概念股的市盈率也基本在30－50倍之間。

一年內上漲機會大

無獨有偶，如果將美圖（1357.HK）、Twitter（TWTR.US）、PayPal（PYPL.US）、微博（WB.US）等公司作對比，可以發現互聯網企業一年內股價上漲的概率非常大，首日開盤即漲的公司也不在少數。而這類企業的共同點是——上市前已經擁有相當數量的用戶基礎，並且在細分領域中佔有一定優勢。

這其中的邏輯並不難理解：對於互聯網企業而言，可以分為用戶積累、單利模式、跨利模式三個階段。上市初期屬於用戶積累階段，該階段也是投資科技股的重要時刻。

把握唯一的成長期

根據銀河證券對美國股市在1980-2011年時間區間內的30隻科技成長股的統計分析發現，每隻科技成長股都只有一個明顯持續的快速增長階段，即只有一個成長期。經過成長期後，營業收入很難再保持大於20%的增長速度。而這個唯一的成長期就是上市後的初期，因此這個時期投資者需要好好把握。

還記得阿里巴巴在美國上市時，瘋狂的投資者恨不得把錢綁在一起直接在紐約的記者會上丟給管理層，平時牛氣沖天的基金經理只能二三十人擠在一個小房間等待管理層接見。除了利潤之外，相信沒有任何事情能夠讓華爾街的精英如此激動。

還有陌陌（MOMO.US，首日上漲20.5%）、宜人貸（YRD.US，9個月上漲252%）、LinkedIn(LNKD.US，首日上漲109.44%)、騰訊（0700.HK，首日上漲23%）等無數例子告訴大家，資本市場似乎不願意錯過任何一家有龐大用戶的公司。招股價是一個非常有價值的參考。日後假如陸金所、京東金融或Airbnb等決定IPO，只要定價

不是太離譜，「市場情緒」的加持力度相對其他傳統企業會有更大溢價空間。

若錯過招股價　等低走機會

大流量的互聯網公司初期階段回報比較高，產品用戶的積極參與或許是其中一個原因。另一方面，產品影響力越大，媒體就越是積極宣傳，曝光度自然也就更高。當然，這也與「講故事」和豐富的投影片內容有關係。

Facebook 卻是一個特例，公司在 2012 年上市時，已經捆綁了超過 8 億的用戶。但較高的定價讓開盤回報僅僅 0.61%——隨後步入了漫長的下跌周期，上市後半年股價高於招股價的時間不到 1%，絕大部分時間都是「潛水」，無疑讓投資人很沮喪。

縱觀多間互聯網公司，上市後半年內能夠保持高於招股價的並不多見。這就意味著假如錯過了招股價買入，假如真的看好公司前景，絕大部分半新股股價還會有回落抄底的機會。即使現在風光一時無兩的 Facebook 和阿里、騰訊，也都曾經跌破招股價。

對於長線投資者操作的啟示在於：如果一開始已經高開（尤其如 Snapchat 一樣短時間內瘋漲），不妨等熱情消退後，或許會有更

好的買點。假如一開始就低走（比如美圖、唯品會（VIPS.US）和PayPal），馬後炮回顧，當時還真是一個短炒一波的好機會。

探討二：新經濟股扭虧為盈？你應該把他放入購物車了。

大部分新經濟企業都有一些很酷的產品，比如特斯拉的車、蘋果的手機、又或者Facebook的網站和陌陌的「交友軟體」。但是並非所有酷的產品都能賺錢，京東連續虧損19年才出現盈利，美圖美化了超過全球六分之一人口，卻無法粉飾其虧損的報表。

概念的好壞，決定投資者是否買單；企業能否盈利，決定投資者是否長期持有。故事總會有講完的一天，只有盈利才能證明業務模式是正確的。

陌陌從虧損到盈利

陌陌是一個非常典型的例子。2011年陌陌只有一個門戶網站的產品經理，一個開發，再加上唐岩，拿著《30天iOS從入門到精通》就開幹了，陌陌就在這樣的團隊配置下誕生了。

2014年12月12日，陌陌正式登陸納斯達克上市。和其他互聯網公司一樣，首日收報17.02美元斬獲了20.5%升幅風光無限，最高曾

48

觸及19.89美元高位，由於缺乏用戶變現能力，高峰後半年卻使股價跌破發行價最低觸及9.5美元。

早期為了拉動客戶增長，陌陌在灰色地帶踩鋼絲。唐岩說過，雖然自己是一名「草x社區」的用戶，但陌陌從來沒有主動做過下半身行銷。但不可置否的是，早期一些行銷號的「軟色情」推廣，幫助陌陌積累了不少用戶。

然而即使這樣，陌陌的股價還是一路下跌，8,000萬的MAU（月活躍用戶）並未能帶給陌陌投資者安全感，一直到直播的出現。

2015年第二季度，陌陌的業務構成主要有四部分，分別是會員訂閱、移動遊戲、移動行銷服務和虛擬道具收費，其中會員訂閱佔總營收接近50%。直播平台的初階產品「陌陌現場」還在初期階段。

然而就在同年，直播的模式展現出強大的生命力，2015年第二季度陌陌的其他服務營收為150萬美元，與2014年同期的30萬美元相比大幅增長，這項營收增長的原因是付費表情符號的營收增長，以及來自禮物商城的營收穩步增長。「陌陌現場」上線首日邀請周筆暢擔任演唱歌手，連續三天的「線上互動演唱會」吸引了超過1,000萬人次觀看。

伴隨直播模式的興起，陌陌營收情況瞬間得到改善。2015年第三季度財報成功扭虧為盈，12月結算的年報顯示第四季度收入進一步增加，企業淨利潤不斷增長。到了2016年第二季度，伴隨著MAU止跌回升，收入和利潤均呈現爆發式增長。要知道，再往前9個月，市場傳的最多的還是陌陌有可能要退市或併入阿里巴巴旗下。

陌陌的股價和淨利潤增長時間基本是重疊的，2015年業績扭虧為盈，股價從歷史最低位6.72美元開始反彈超過一倍；2016年第二季度數據公布後，股價從10美元翻了兩倍至30美元；隨著2016年業績大幅增長的確認，公司股價從不到20美元漲到了最高45.95美元。

在這期間陌陌的每月活躍用戶並沒有太大的改變，股價上漲的決定性助力是找到了直播的模式，挖掘出存量用戶消費轉化為穩定和增長盈利，把故事變成生意模式。確實盈利對所有企業而言都很重要，賺錢多的公司總是能受到投資人的青睞。然而科技型公司的特點在於，初始階段往往需要大量的資金擴充市場和增加市佔率，達到一定規模後才發現缺乏盈利的手段。燒錢階段和穩定盈利的企業區別無異於毛毛蟲和蝴蝶。

圖表1.32　陌陌（MOMO.US）股價走勢

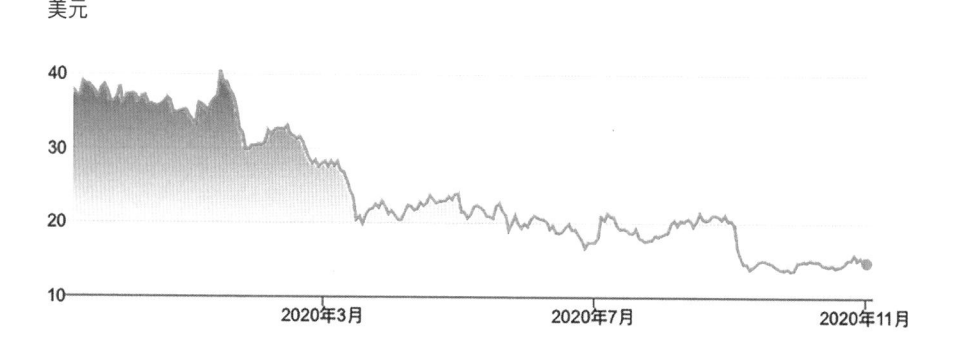

京東扭虧　股價漲50%

京東（JD.US）在2016年8月宣布基於非美國通用會計準則，京東

商城第二季度淨利潤為3.914億元人民幣（折合約5,890萬美元），而2015年同期淨虧損人民幣1,570萬元。股價從上市後最低的19.51美元觸底反彈。2017年3月2日晚，京東集團官方微信號「京東黑板報」公布2016財年第四季度財報及全年財報。財報顯示，京東在2016年首次實現年度盈利，淨利達10億元人民幣。消息確認後，股價在三個月內上漲近50%。扭虧前的京東和盈利後的京東，單純從股價來看，差了2.3倍。就算後來京東大股東陷入了桃色糾紛股價出現了波動，持有到現在81.65美元，更翻了超過4倍。

FB 4 年漲 10 倍

外國的月亮並非特別圓。Facebook在2012年剛上市的時候，曾經也經歷過一段艱苦的時間。股價轉捩點出現在2013年7月份，當時公司發布了截至6月30日的2013財年第二季度未經審計財報。報告顯示，Facebook第二季度營收為18.13億美元，比去年同期的11.84億美元增長53%；淨利潤為3.33億美元，2012同期淨虧損為1.57億美元。

伴隨著MAU不斷增加，企業現金越來越多（賺錢比花錢快太多了），Facebook的股價4年漲10倍，無論甚麼位置買入都是好買點。

1.4

大戶的新經濟股
持倉啟示

作為亞洲資產管理規模最大基金之一的高瓴資本，在2020年3月更新了其最新季度的美股持倉報告。雖然基金的操作模式不一定適合散戶，但作為投資風向參考，對讀者而言應該有不少啟示。高瓴資本作為內地資產管理公司，對中概股的把握，相信比絕大部分的外資基金都要準確。

十大持倉多是互聯網股

截至2019年末，公司一共持有54隻美股，市值總值80.3億美元，較前一季度增長超過10%。 其中，十大持倉股份有6隻都是互聯網股，愛奇藝（IQ.US）是最大的持倉，另外也持有好未來（TAL.

US)、京東（JD.US）、拼多多（PDD.US）和阿里巴巴（BABA.US），
另外還有視頻會議系統公司ZOOM（ZM.US）。

圖表1.41　愛奇藝（IQ.US）股價走勢

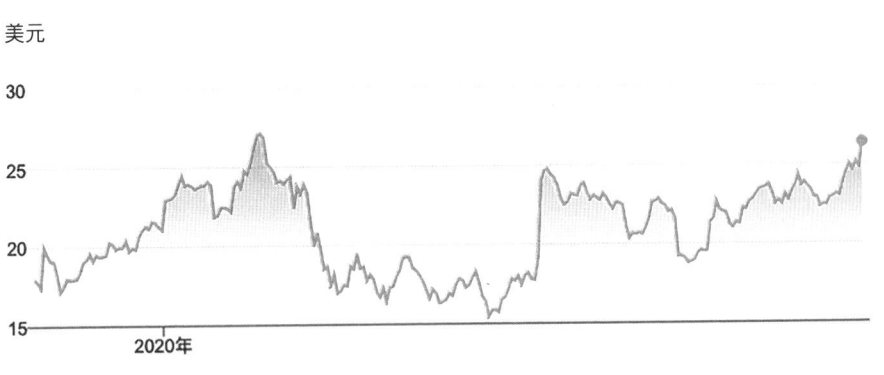

54

圖表1.42　ZOOM（ZM.US）股價走勢

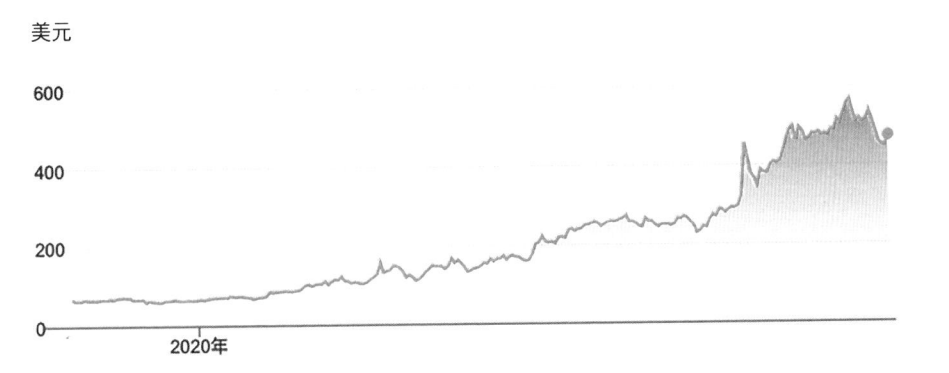

從十大倉位部署解讀，高瓴資本除了繼續看好內地科技股之外，更青睞新消費相關行業，包括網購、在校教育、視頻平台等公司，都可以歸納為輕資產、新消費等新興產業模式。參考基金過往投資風格，高瓴資本依然堅持價值投資，長線持有的策略。

加倉於生物醫藥板塊

高瓴資本清空了陌陌（MOMO.US）、Tesla（TSLA.US）和蔚來汽車（NIO.US），同時也沽清了美國互聯網巨頭Facebook（FB.US）、亞馬遜（AMZN.US）和蘋果（AAPL.US）。

至於加倉則集中在生物醫藥板塊的倉位，在54隻持倉股份中，有接近25間均是生物製藥企業。在清倉的列表當中，高瓴資本似乎錯判了Tesla在內地車廠竣工後市場對其憧憬，2020年第一季Tesla的股價出現了翻倍的升幅；而亞馬遜股價在2月頭也出現過飆升。整體而言，2月底美股大跌，不少清倉股份的股價已經跌破公告期間的低位。

高瓴資本似乎認為電動汽車的紅利已經逐漸消退或風險升高，而美國科技龍頭估值已經變得不那麼吸引。

下一隻市值萬億企……

百濟神州（BGNE.US）是高瓴資本第二大重倉股，2019年第四季度一共增持了2.4億美元或35.8%，達到9.1億美元水平。需要注意，百濟神州是高瓴資本培育多年的公司，從A輪融資開始，一直到2016年上市，高瓴資本一直持有並給予支持。

以2016年上市價計算，短短四年時間內百濟神州股價已經升了超過5倍。總結基金調倉和部署，不難看出高瓴資本不是對所有科技公司都看好，剔除了部分估值較高和資產較重的企業，加注生物醫藥板塊。

按價值投資的角度，相信公司認為生物醫藥企業的估值更便宜。確實，互聯網雖然依然火爆，但隨著全球互聯網化愈來愈普及，缺乏護城河的企業很可能逐漸失去優勢地位。

相反，生物科技的技術革命，隨著新型冠狀病毒的爆發被愈來愈多人認知。人們常說「健康是無價的」，下一隻萬億美元市值的企業，也許會出現在生物科技行業中。

第2章

5G 產業鏈長
收成期各異

5G

2.1

中國及南韓5G發展
超越歐美

世界各國目前對5G的部署是怎樣的呢？自2019年開始，媒體上經常有其他國家和地區對華為5G設備進行限制的新聞，美國更多次呼籲其他國家，不要讓華為參與其5G建設，認為華為的5G網絡設施會牽涉國家安全。但另一邊廂，內地5G網絡推進如火如荼，2020年初英國也表示，會允許華為參與當地非核心組件的建設。

內地5G建設提升至國家層面

中國內地自2016年7月開始，已將5G建設提升至國家層面，至今各省市出台政策，累計頒布逾200條。技術方面，直至2019年9月，內地註冊5G必要專利，全世界排名第一位，華為、諾基亞

（Nokia）及中興通訊（0763.HK）註冊的SEP專利分別為2,160、1,516及1,424個。

圖表2.11　中興通訊（0763.HK）股價走勢

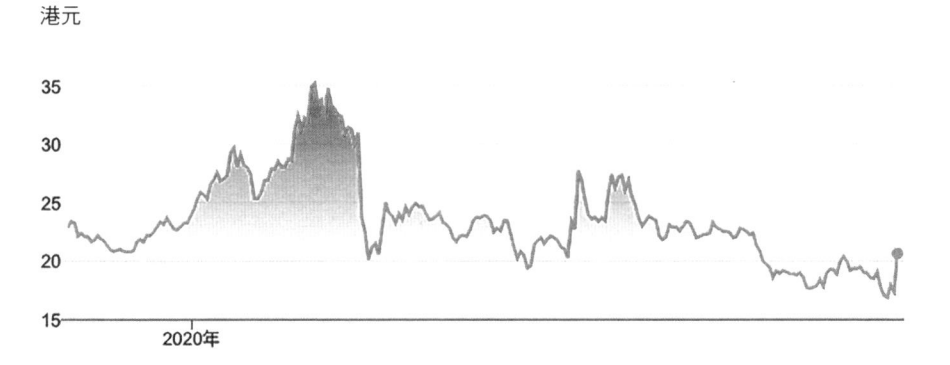

港元

美國方面，2020年2月27日國防部長拒絕了美國通訊公司完全開放5G頻譜的請求，能源部、運輸部、教育部和聯邦通訊委員會，對關於頻譜分布依然存在分歧。美國之後嘗試連同英國、德國、澳洲和南韓等發起多國聯合開發5G技術，務求抗衡內地的5G技術。

然而，目前美國的龍頭科技企業，包括谷歌（Google）和Facebook，在5G技術上包括硬件開發積累並不多，要急起直追還有一定距離。相反，南韓在5G的部署和普及化非常出色。

南韓發展遠超英美

早在2018年2月平昌冬季奧運會已經使用了5G技術作為商業服務，同年6月三大南韓營運商出資31億美元，購買了3.5GHz和28GHz兩個頻寬頻譜。直至2019年底，南韓的5G用戶已達500萬人，5G基站逾19萬個，覆蓋逾93%地區（另有統計為10萬個基站）。這個數字非但遠超英美，更比內地還高。

上述數據可以得出三個結論：

1. 內地發展5G趨勢已非常明確，無論是投資角度還是企業管制角度，未來十年必須為5G的發展做出提前部署；

2. 目前英、美面臨兩難局面，要麼是在5G的發展速度上落後於內地；要麼是讓內地，尤其是華為在5G建設中分一杯羹，在目前環球局勢動盪的背景下，要想多個國家達成一致意見，短時間恐怕變成拉鋸戰；

3. 南韓或在上述博奕中獲取一定利益，由於南韓國土面積較細，政府支持力度大，在5G的鋪設及應用上，可為其他國家輸出經驗。

綜合而言，讀者假若能客觀理性地看待5G技術，相信無論是投資還是企業發展，很可能挖掘出一些不錯的機會。

2.2

5G 概念
可持續逾 10 年

科技發展賽道有很多，例如人工智能（AI）、大數據和雲服務等，其中近兩年最多人關注和議論的，相信大多數投資者會首推第五代流動電話（5G）。儘管如此，不少讀者對 5G 了解不深，選擇公司時常常會有疑問。筆者嘗試由淺入深分析，希望可以幫助到讀者。

讀者應該還記得任天堂（Nintendo）曾推出一款遊戲 Pokemon Go，一度在香港引發熱潮，由於其應用了擴增實境（AR）技術，資本市場上也曾炒作一番，可惜熱潮只持續一段不長的時間。

5G 產業鏈長　各互聯網企均受惠

筆者想論述一個觀點：為何選擇 5G？ 5G 和上述技術有三個不同：

1. 第一，其屬於底層設計，在5G架設完成後，幾乎所有互聯網相關的產業都可以從中受惠。

2. 第二，其產業鏈非常長，從大型基站搭建到每個地區的訊號接收器；從軟件的研發到手機硬件；從飛機郵輪火車到家裏的智能電燈和掃地機器人，都可以牽涉到5G技術（這也是為何投資市場上噪音如此多的原因）；

3. 第三，這涉及國家層面網絡安全的爭議。 5G的熱潮可以持續多久？筆者保守估計是十年時間，這還不包括其衍生出來的其他關聯產業投資周期。

5G全球普及化只是時間問題

參考4G的經驗，最早2010年12月由日本開始商用，一直到2012年滲透率才明顯提升。內地更是自2013年12月才真正實現商用，一年後的滲透率也只不過是7.56%；到2016年12月才達到58.33%。5G呢？根據市場預計，到了2020年底，內地的滲透率有機會達到7%；2022年有機會達到28%。

內地之外的地方，受制於某些政府的限制，滲透率有機會更慢。雖然如此，科技的改革並不會受到某些政治因素長遠地阻攔，換言之全球普及化，相信只是時間的問題。

處於投入期　值得關注

讀者假如專注研究5G和5G投資機會，是十分划算的，因為這個技術的投資周期，可以長達十年甚至更久。正如上述，5G的產業鏈非常長，不同時期會有不同的投資機會，過早入場很可能會遭受較大損失。

例如，網購業務無疑是受惠於4G技術的發展而銷售額節節攀高，惟2010至2015年期間投資內地大型的網購上市公司，股價表現其實非常一般。儘管事後諸葛亮復盤，投資者可以話無論甚麼時候入場買入相關股份，持有到今日的回報都非常豐厚，但筆者想指出，並非所有投資者都有足夠耐心和資本實力。因此，直至今日，筆者認為5G還是處於投入期，最值得關注、可以預期有較好表現的，是基礎建設的部署和承建業務。

其衍生出來的商業化產品和服務，無論是手機還是其他，均處於戰略性投入階段，距離收成期還需要一段頗長時間。

2.3

蘋果市佔率下滑
拓5G產品成亮點

千金難買回頭「果」，相對航空、餐飲和能源等行業的公司，蘋果線下專門店雖然也受疫情影響，但憑多年的口碑與品牌效應，要將消費者從線下導流至網上商店並不困難。不少讀者也許「心思思」考慮趁蘋果股價下跌的機會撈底。但要注意，蘋果最近的營運風險，可能比大部分讀者所認知的嚴重。

擁近2,000億美元現金儲備

2020年3月3日，蘋果被指刻意放慢舊款iPhone的運行速度以促使客戶買新手機，最後以5億美元賠款取得法庭和解，並需向每一位美國地區顧客賠償25美元。3月5日，蘋果被美國法院裁定

侵犯加州理工大學的 WiFi 傳輸專利，罰款 8.38 億美元。

3月13日蘋果在與 VirnetX 的訴訟中敗訴，被罰 4.54 億美元。

3月16日，法國相關部門發布公告，蘋果因分銷網絡存在壟斷，被判罰款 11 億歐元。也許，聰明的讀者會反駁，蘋果擁有 2,000 億美元現金儲備及過萬億美元市值，一百幾十億美元只是九牛一毛。確實，上述的罰款有可能只是蘋果股價下跌的導火線，公司真正問題是市場佔有率下滑的擔憂。

根據媒體資料，2020年2月，iPhone在內地市場出貨量僅49萬部，較去年同期下跌超過60%。另一個亞洲重要銷售國家日本，據Canalys發布的日本2019年智能手機排名數據顯示，蘋果佔比53.3%，出貨量下跌5.1%，預期2020年進一步下跌13%；相反三星（Samsung）在2019年上升了12.3%。除了其他品牌的競爭壓力外，疫情對蘋果最大的打擊是其環球供應鏈的斷裂。

雖然有不少供應商如富士康，曾發表觀點表示供貨影響不大，但最近，紐約部分蘋果零售商已經出現斷貨。隨華為在第五代流動通訊（5G）手機上的部署愈來愈多，蘋果卻還沒有和高通（Qualcomm）或英特爾（Intel）就解決5G芯片的談判達成實質進展，假若進一步落後，目前蘋果市場份額可能逐步被其他品牌佔據。

首發5G產品

蘋果也不是沒有好消息，iPhone12儘管一直被市場批評取消了充電器以及耳機的配件，但整體銷量不錯。蘇寧易購內地官網內的iPhone大部分舊型號，在2020年4月開始紛紛減價，根據過往經驗，減價策略能夠有效刺激銷量提升。

另富士康已為蘋果製作5G版的iPhone手機外殼，芯片亦順利製作，

蘋果亦公布了推出iPhone12／12Pro，是蘋果首部由官方表明支援5G的產品。

利用現金儲備回購或派息

當然蘋果還有一大殺招，就是利用現金儲備進行回購或派息，這是最能直接刺激股價上升的舉措。筆者在2019年也曾在220美元水平推薦過蘋果的股份，最高翻了超過一倍。2020年8月蘋果股票一拆四，至今股價約在118美元水平。

另一方面，公司也可趁時機收購一些陷入財困而質素不錯的企業。換言之從價值的角度來說，超過2萬億美元市值的蘋果股價，筆者依然認為值得入場，但看重的還不是其業務發展得多好，而是公司目前的現金儲備能夠為股東帶來豐厚回報。

第 3 章

新零售
線上線下完美結合

3.1

線上服務＋線下體驗
＋閃速物流

新零售的概念，由阿里巴巴（BABA.US）（9988.HK）創始人馬雲提出。2016年10月12日，馬雲在雲棲大會上首次提出新零售的概念：「純電商時代很快會結束，未來的十年、二十年，沒有電子商務這一說，只有新零售，也就是說線上線下和物流必須結合在一起，才能誕生真正的新零售。」從此，一石激起千層浪，各種關於新零售的理論、討論，以及實際落地的嘗試專案如雨後春筍，猶如撬開了阿里巴巴的芝麻之門，阿里系的股價也節節攀高。

傳統零售關店潮

事出必有因，新零售的轉型對技術和物流要求十分高，同時整個行業背景有非常重要的關聯。據《2015中國連鎖百強》報告顯示，

2015年，內地55%連鎖零售企業淨利潤下滑，新開門店同比下降16%、關閉門店同比上升39%。2016年這樣的窘境仍在繼續，一線和二線城市尤為明顯，賣場人流持續下滑、門店成本卻不斷上升、多管道銷售提升品牌溢價能力，這都讓傳統的零售管道感到緊張。

據《2016-2021年中國零售企業行業市場需求與投資諮詢報告》統計：2016年上半年，在單體百貨、購物中心以及大型超市業態中，共有22家公司關閉了41家店舖，歇業總面積超過60萬平方米。昔日「一舖難求」的商業街，出現招租難。一位沃爾瑪門店的管理人員表示，目前國內租金成本、人力成本逐漸攀升，收縮規模是最好的選擇。

壓力和趨勢逆轉之下，2017年開始中國傳統零售業經歷了五年來最大的關店潮。萬達百貨在當年年中宣布關掉全國約90間百貨門店中的一半，百盛商業集團繼北京東四環店宣布停業之後關閉了唯一一家位於天津的門店，京華堂一年關閉4間門店，百思買、尚泰百貨等甚至停止了中國區業務。

新零售：互聯網＋傳統零售

伴隨新零售模式被提出和發展，傳統零售自然也希望擁抱風口。互聯網與傳統零售行業的一場美麗的邂逅，孕育出「新零售」。在「互聯網」下，打通線上線下為消費者提供網上購物平台是最基本的做

法，可惜多數商超（商場入面的超級市場，一般指中型超市）選擇自建電商，但由於經營理念落後、投入成本巨大等原因，傳統零售的自建電商平台陷入瓶頸甚至做出不少「四不像」產品。因此目前投資界已經不像三年前對新零售的瘋狂部署，開始關注到企業管制和發展的深層思路。

很多人對新零售的理解仍然是線上即新零售，O2O即新零售。但事實上，新零售有更多維度的發展邏輯。從技術角度講，新零售指的是企業以互聯網為依託，通過先進技術手段，對商品的整個生產、流通與銷售過程進行升級改造，進而重塑業態結構與生態圈。運營角度定義，新零售還要對線上服務、線下體驗以及現代物流進行深度融合的零售新模式。

第❸章　新零售　線上線下完美結合

何謂新零售？
傳統O2O模式＋大數據＋傳統零售＝線上＋線下＋物流＝新零售

換言之通過資訊技術的方式來連接供給端和需求端，進而改善服務。

無論消費的實現方式如何改變，新零售的本質還是希望透過技術將整個交易體驗數字化重新打造人、貨、場三者的關係和模式。用這三者的關係對具體模式進行思考，往往可以更加清楚理解其「新」在哪裏。

人從哪裏來：線上線下場景為商家帶來流量，如直播，各種社群，會員等；

貨如何周轉：透過升級供應鏈提升廠商到消費者整體的周轉速度和效益，包括倉庫管理、物流配送、前置倉等；

購買場景如何打造：除了傳統的圖文結合之外，小視頻，直播，無人零售或者社交推薦等。

無論上市公司或創新企業如何描述其新零售業務的創新點，如果一個企業只是對上述三個環節的其中某一環進行細枝末節的改變，那麼其業務模式新極也有限。相反如果有一間企業自己打造了一個全

新的人貨場生態，例如拼多多和每日優鮮，即使前期虧損稍大，賽道選擇不是面面俱全，資金壓力較重，資本市場也會更加青睞。

純電商要尋求突破

很多股民買阿里，京東（JD.US）（9618.HK）的股票，看重的是其每年電商業務都保持高速增長，但很少人認知到未來上述網購平台如果只集中於純電商的話，增長速度很可能會大幅下跌。主張熟人經濟（即靠用戶去傳播用戶）的社交電商拼多多（PDD.US）則有所不同，這一點非常聰明，也引證是成功的。不過拼多多剛上市的時候，很多人並不認同公司，認為其低價策略不會受歡迎，結果拼多多股價節節攀升，讓不少投資者大跌眼鏡。

iiMedia Research《2019-2020年中國新零售產業研究報告》指出，2019年中國社會消費品零售規模為41.2萬億元人民幣，增速只有13.1%；電商部分，阿里的網站成交金額GMV（Gross Merchandise Volume）是5.73萬億元人民幣，京東GMV2.08萬億元人民幣，拼多多GMV1.007萬億元人民幣，三者加起來已經接近8.817萬億元人民幣。上述三間公司動則50%甚至翻倍的增長速度也許在之後數年保持，長遠而言，從行業規律和發展來看肯定會出現放緩。

在可預見的未來，傳統純電商股的PE會逐漸變得扁平，純平台電

商的比例逐漸被侵蝕，直播電商、社區電商等新模式下的細分賽道
會逐步增長。

圖表 3.11　京東（ JD.US ）股價走勢

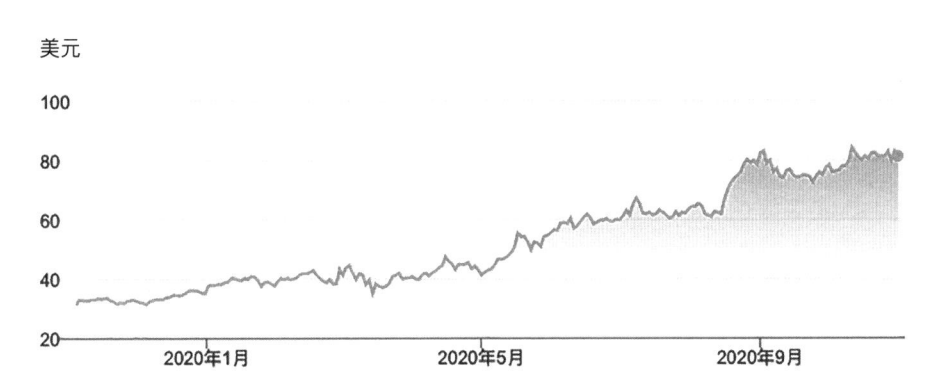

圖表 3.12　京東（ 9618.HK ）股價走勢

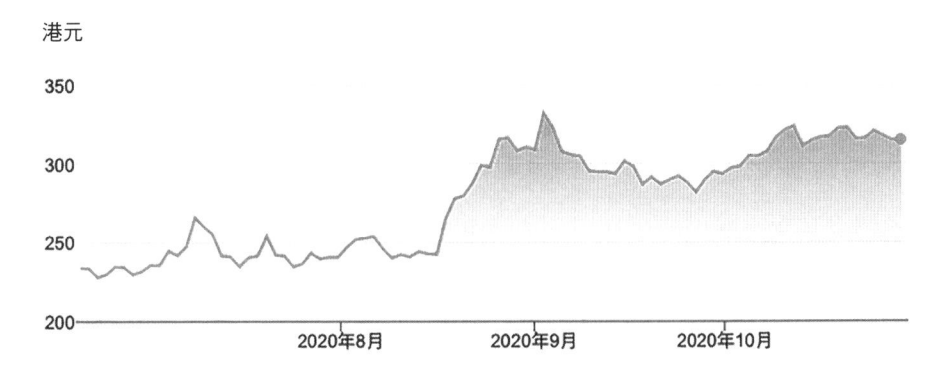

3.2

阿里巴巴
開拓生鮮電商

按照馬雲提出的新零售模式，阿里（BABA.US）（9988.HK）旗下的生鮮電商盒馬就是落地其電商與多個場景的融合，讓線上線下互

通、互補的典型。通過這種模式，實現電商與實體店、物流、生產、金融的融合，實現用戶與數字的連接。但無法否認的是，新零售最核心的目標，是將線下實體店的經營線上化、系統化、數位化，這並非一般中小企業所能做到的。除了頭部的零售企業，零售行業的企業大多數是中小企業，甚至是個體戶。這毫無疑問會抬高這類企業進入的門檻。最終導致的結果，是中小型零售商家擁抱新零售平台，也成為了他們不得已的選擇。

阿里旗下的盒馬　實踐新零售

大家不妨打開香港任何一個手機購物 APP，搜索龍蝦，新鮮豬肉，新鮮雞等關鍵詞，就算僥幸有一兩款產品，相比凍肉或冰鮮肉的搜索結果數目，生鮮產品少得可憐。另一方面，據我了解香港還沒有購物平台可以承諾 APP 下單後一小時內送達，絕大部分情況是，就算購買的是鹽油醬醋茶或紙巾洗衣液等生活必需品，送貨時間也需要數日甚至一個星期。

幾年前，內地絕大部分城市生鮮網購的體驗和香港都差不多。有人很快發現了這個商機，作為生鮮 O2O 平台的代表，阿里旗下的「盒馬鮮生」融合了超市、餐飲、菜市場的形態，實現了想法和商業模式的嘗試。

2016年1月15日第一間盒馬開張到2019年12月12日第200間門店開業。其估值在四年間已經超越100億元人民幣，成為當之無愧的新經濟企業。

前置倉＋線下體驗＋線上展示

盒馬鮮生究竟做了甚麼事情？其APP綁定的不再是一個純網上的平台，而是根據定位系統（或客戶選擇）將客戶住址或所在地附近的線下超市網上化。不僅如此，超市、餐飲、電商、外賣合而為一，承諾超市門店周邊3公里30分鐘內送達，利用速度提高了消費體驗。而超市門店從傳統的購物模式變成「前置倉＋線下體驗＋線上展示」一體化形式。主打的海鮮食材透過客戶訂單即買即煮，支付寶和APP組合成無現金模式，形成大數據化體系。

盒馬鮮生重構了線下超市的新零售業態，將超市變成了集超市、餐飲店、菜市場為一體的O2O生鮮平台，其顛覆的就是突破了傳統超市人流局限。假如讀者有開士多或者超市不難明白，因為場地和座位等原因，到店消費的客戶有限，如果可以做到哪怕附近三公里客戶的生意，覆蓋的人數將會是百倍千倍。為何香港沒有人做？姑且不論下單前後台系統投入的成本，單單是要做到半小時配送所需要的倉庫管理，配送路線，訂單最終的車隊和人手已經是很大的問題和成本。儘管目前foodpanda和Deliveroo等外賣平台已經開始嘗

試往盒馬鮮生的模式推進，受制於超市和商戶幾乎全部是第三方，前中後台的系統對接效率和客戶體驗較國內差了不止一代，相反一田和永安等高檔超市轉型成功的概率更高。

圖表3.21　阿里（BABA.US）股價走勢

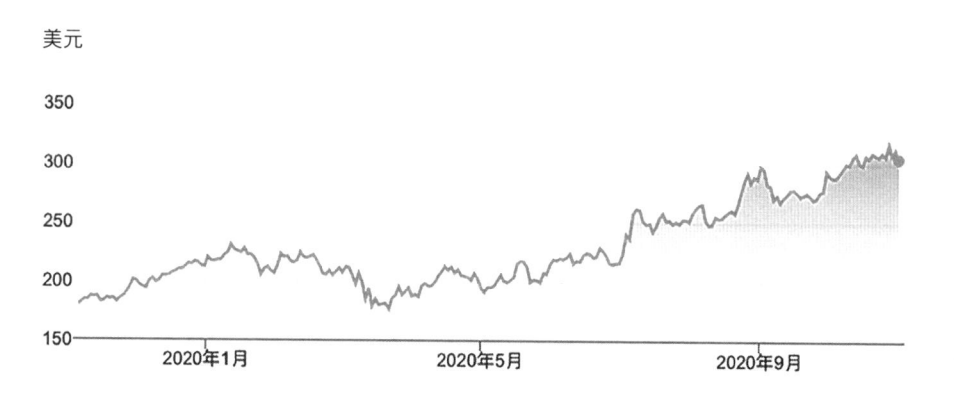

圖表3.22　阿里（9988.HK）股價走勢

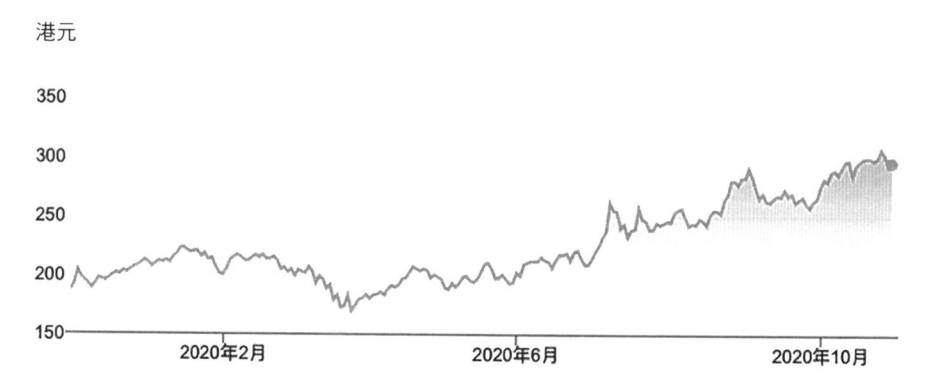

3.3 蘇寧的 「優鮮」供應鏈策略

既然講得是風口，又何止孵化出一間新經濟企業？電器銷售印象最深刻的蘇寧（002024.SZ），其實早已推出「供應鏈+小店」互為支撐模式，打造新零售品牌蘇寧小店。

蘇寧小店　勝在門店多

蘇寧小店的商品分為快消品和生鮮兩類，由線上與線下兩部分構成。儘管送貨速度比不上盒馬鮮生，但依託蘇寧的自建物流體系，可做到2公里範圍內1小時急速配送，尤其是蘇寧小店在2019年3月31日已經達到5,098間門店，目標2年內達到2萬間，單以門店數目而言，覆蓋範圍遠超盒馬鮮生。其核心邏輯也是通過生鮮切

入，方便了周圍居民的生活需求，打通了從線上到線下，從社區生活到服務的社區消費鏈條。

圖表3.31　蘇寧（002024.SZ）股價走勢

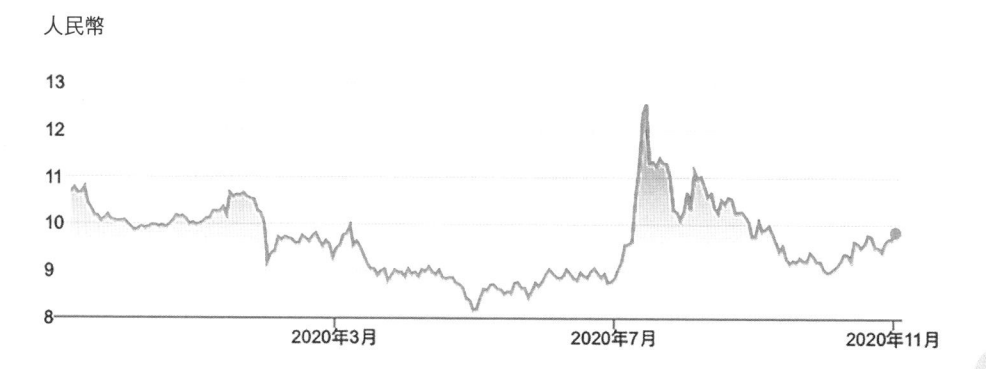

人民幣

每日優鮮　送貨版「7仔」

如果說盒馬鮮生是大型超市，蘇寧小店是百佳或惠康，和騰訊（0700.HK）深度合作的每日優鮮一定就是7-Eleven。同樣看中快速配送的新零售方式，每日優鮮2015年已經開始將前置倉甚至前置車（一架流動車，利用大數據將部分暢銷產品提前先車到你樓下）放到各大社區，利用倉庫而不是門店的方式節省大量成本（節省大筆租金裝修和人手等開店必須成本），將客戶需要的產品最快速遞

送達，特點就是誇張恐怖的駐點，精準服務每一個有生鮮購物需要的客戶。各位女士可以想像，假如3點3在中環辦公室突然想食一個日本蘋果或者沙律，一個APP馬上就可以解決，是否比男朋友還要貼心。

儘管在2019年，隨著新零售集體遇冷，不少分析員也質疑每日有限較低的客單價，超大規模的布點，究竟能否實現盈利。然而2020年7月23日，每日優先宣布再次獲得4.95億美元融資，整體估值已經超過30億美元，消滅了這些質疑。每日優鮮合夥人兼CFO王珺曾言：「3萬億元人民幣規模的服裝市場養出了一個阿里巴巴，

1萬億元人民幣規模的3C（Computer／Communication／Consumer-electronics）市場養出了一個京東，而未來5萬億元人民幣的生鮮市場規模，足以養出一個「阿里巴巴＋京東」的超級平台。」

生鮮電商也可以小而美

不要以為新零售就一定是很大，同樣的需求，相似的商業模式，不同的賽道同樣可以造就了一間又一間的成功企業，他們不同的更多是客戶體驗和產品形態。「天貓小店」是傳統店舖通過阿里巴巴零售通平台升級後的智慧小店，傳統店舖被改造過後，可享受特殊進貨管道、專享貨物、以及大數據等服務。天貓小店將選擇在根據消費者住所附近500米內的範圍，結合大數據，針對消費者人群擺放不同的商品提供了線下場景。

永輝超市深耕零售十餘載，從早先「平民化」民生超市，逐步發展成為如今引領精緻生活的行業風向標，追求自我突破，不斷孵化新業態。永輝的超級物種主打「未來超市＋餐飲」的理念，迎合消費升級之勢，重塑線下消費場景。還有我們熟悉的網易嚴選、名創優品等企業打破中間商價格鏈，化身為消費者與廠商間的唯一橋樑，滿足受到電商洗禮的低價消費習慣，並給消費者更高的消費體驗。火星兔子、猩便利等無人產業打破傳統模式，利用大數據及人工智

慧來經營，節約人力成本，提升購物體驗。小米之家、鋪天地、小閃快送等平台也分別在客戶服務、空間租賃及同城物流方面給客戶帶來了驚喜。

選品到物流到支付的顛覆

從上述的例子可見，生鮮電商對客戶最大的體驗改變其實不僅僅是從行超市變成點手機，而是整個選品到物流到支付乃至精準營銷的大數據分析的顛覆。超市的形態已經發展成沒有工作人員，或者你還沒有到店鋪已經知道你想要甚麼產品，甚至已經不是超市而是倉庫或餐廳或一部機器。不得不提的是，根據長城戰略諮詢發布的《中國獨角獸企業研究報告》指出，中國2019年新零售企業股票市場投資回報率高達44%，在所有類別中排名第四。

3.4

Shopify
一條龍服務中小企

國內的新零售模式在全世界而言都是走的比較前列，其中國有國情因素，人口人數以及科技發展的因素等。國外的例子中，To C（對商戶）的典型案例亞馬遜（AMZN.US）相信大家都非常熟悉，但另外一個互聯網銷售行業巨頭Shopify（SHOP.US）大家卻不一定了解。和國內的集中平台化不同，Shopify致力於為商戶提供更便捷的服務。

以訂閱服務　殺出重圍

對於想做電商的美國中小企業，在亞馬遜做生意成本較高，如今超過200萬的第三方商戶需支付6%-50%不等的高昂佣金抽成以及倉

儲費、配送費、廣告費。還需要競價以獲得更靠前的商品展示位，這讓中小賣家叫苦不迭。

Shopify正是看準了這一點，在Shopify只需要繳納每月9-299美元不等的訂閱費和0.5%-2%的手續費，服務人員便會構建支付、引流、管理服務，中小商家只需要提供一個功能變數名稱，便可以得到一站式自建站點服務。中小商家得以通過Shopify直接接觸客戶，降低獲客成本並提升轉化率。

與三大社交引擎合作

研究分析機構Consumer Intelligence Research Partners（CIRP）估計，2015年底亞馬遜金牌會員服務已經覆蓋了全美46%的家庭。在亞馬遜擅長的領域與之爭鋒顯然不是明智的選擇，Shopify避開了電商搜索，利用Facebook、Instagram、Twitter這三大社交引擎另闢蹊徑。2015年，Facebook在全球擁有大約14億月活躍用戶，Shopify和Facebook達成合作，允許訂閱指定套餐的商戶在Shopify直接完成Facebook商店的搭建、管理以及運營Facebook商店帳號。Shopify的包月套餐還提供Facebook定向推廣、熟人傳播、KOL種草帶貨等推廣服務。2017年，Shopify再跟Instagram達成類似的合作，又成功接觸到後者的8億月活躍用戶。從私域流量中另闢蹊徑，避開了亞馬遜的主場並為商家形成了穩定的客流。

服務支持跨境電商

Shopify的特有模式和快速增長也吸引了更多大品牌的目光。2013年，特斯拉在Twitter上發布了網站將被Shopify支持的資訊。2014年，Shopify發布中大型商戶解決方案——Shopify Plus，直接刺入大客戶市場，Colour pop、Gymshark等品牌紛紛也選擇Shopify作為新的夥伴。這項服務後來還支持跨境電商。在Feedvisor2017的數據中，亞馬遜有16%商家的第三方管道來自於Shopify。截至2019年底，全球大約有2.18億人在由Shopify提供支持的店舖買過東西。而平台服務的活躍店舖數量也衝到了50萬關卡之上。

為品牌商建立私域流量

正是這樣農村包圍城市的打法，讓 Shopify 從不堪忍受 Amazon 13%-15% 的高貨幣化率的中小企業中硬生生殺出一條血路。在趨於成熟的電商平台上，中小企業獲取公域流量成本太大，加之大品牌較強的品牌力和客戶基礎，選擇 Shopify 的多管道的私域流量顯然是一個更佳的選擇。

根據 Shopistores 提供的 Top 500 Most Successful Shopify Stores 排行以及 World Web Sites Hosting Information Directory 的統計，在 2019 年的 Alexa 全球網站熱度排行中（Google、天貓、Youtube 位列前三），Colourpop、Gymshark 等 Top 5 Shopify 獨立站能夠進入前 10,000 名（均為 Shopify Plus 品牌商客戶），日均訪問量均達到數萬人次，這證明了 Shopify 幫助了這些品牌商建立了穩固的私域流量的能力。

出色的相容和輔助

單純的開網站的服務商在任何搜索引擎搜索都可以見到大量的廣告，為甚麼有的公司只能在工業大廈租一個 300 呎的小工作間，而 Shopify 可以做到千億規模？不得不提 Shopify 的相容和輔助功能。

收入結構上，訂閱服務以及商戶服務是引導其發展的兩架馬車，除此之外Shopify還涉及支付、融資、物流、倉儲、POS軟硬體銷售等收入途徑。

訂閱服務　核心之一

訂閱服務是公司的核心業務之一，企業無論大小均可以購買Shopify建立電商獨立站的服務，Shopify將為其提供穩定的伺服器支持，Facebook、Instagram、Twitter等多管道的前端銷售，包括訂單管理、客戶管理、銷售數據分析等統一的後端管理以及7x24小時的線上運維服務，是企業主從線下到線上完成數位化轉型的好助手。其有Shopify Lite、Shopify Basic、Shopify Standard、Shopify Advanced 和 Shopify Plus從低到高五種規格的套餐，企業支付月度服務費來購買對應的套餐，並根據自身需求購買需要的付費商戶範本、付費APP等增值服務。從簽單額的角度看，SaaS（Software-as-a-Service，軟體即服務）訂閱服務是在服務開始時支付全款，Shopify的預收賬款絕大部分都是來自於訂閱服務。2019年公司SaaS訂閱簽單額達到6.6億美元，2014-2019年CAGR（複合年均增長率）為57%，保持了高速增長態勢。2019年不包括Shopify Plus的訂閱商戶數已達到106萬家，保持30%以上的較快增速。平均單商戶年付費額為503美元（根據Ecommerce Platform

估計，Shopify 活躍商戶比例在 60% 左右，因此真實的單商戶年付費額應比這一數據更高），與前幾年相比波動幅度不大，基本介於 Basic Shopify 和 Shopify 的年費之間，體現了這部分客戶還是以小型零售商為主。

在 Shopify 提供的線上場景中，商戶直接通過 Shopify 搭建的獨立站來進行銷售與結賬，商戶可以選擇個性化範本、定制功能變數名稱吸引屬於自己的目標用戶。Shopify 擁有極強的相容性，除了在 Facebook、Instagram、Twitter 等社交電商管道展示商品，Shopify 還支持和 Amazon、eBay 等電商平台結合，將其作為前端入口，在平台上創建產品頁面連接到自己的後台，除此之外，Shopify 還支持嵌入任意網站，可以將產品資訊與購買按鈕直接嵌入網站與博客進行銷售。

線上下場景中，企業使用 Shopify POS（相容 IOS 及 Android）在市場、交易會和快閃店等線下場景進行銷售，並打通 Shopify POS 與 Shopify 的線上線下管道，為用戶創立方便的購物體驗。

近年力拓商戶服務

在 Web 端，商戶通過瀏覽器訪問 Shopify 個人商戶主頁追蹤庫存及銷量資訊，對於多個銷售管道訂單進行集中處理，並對於後續的支

付、交付和發貨等流程進行統一管理；主頁也會提供客戶關係管理、銷售數據分析、行銷手段定制等功能。

如果說訂閱服務是Shopify發展前期一直專注的業務，那麼商戶服務則是Shopify近年來發力的重點。

Shopify的商戶服務將為客戶提供支付、融資、倉儲等增值業務，這一舉動將Shopify的業務拓展了企業的經營層面，既滿足了部分企業客戶多樣性的經營需求，又擴大了業務的廣度將自己與客戶緊密的聯繫在一起。其多樣化的商戶服務也依賴於多管道的前端與統一整合的後端。2019年Shopify商戶服務收入達到9.4億美元，同比增長54%，已經超過訂閱服務成為公司收入的主要來源。其中大部分收入來自於支付業務，Shopify2019年年報中並未披露物流、融資等細分業務的收入。支付業務是Shopify所有訂閱商戶的「剛需」，物流、融資、倉儲等業務仍處於起步階段。

與支付平台合作

商戶服務的大額支付業務為平台上的商戶與消費者提供了更為便捷的收付款管道：Shopify與Stripe支付平台合作，將其信用卡支付系統集成至Shopify Payments系統上，消費者通過Shopify Payments系統使用信用卡向商戶付款，而Shopify會從中收取2.4%-2.9%的

交易費，交易費中相當比例的交易費會支付給Stripe，因而支付業務的毛利率較低，2019年，支付業務收入6.9億美元，同比增長53%；Shopify Payments的GPV（Gross payment volume，使用其進行支付的GMV，Gross Merchandise Value）達到257億美元，同比增長55%；Shopify Payment滲透率（GPV／GMV）上升1.7個百分點達到42.2%。目前Shopify Payment只支持15個國家，而在其已覆蓋國家的滲透率已經處於較高水準（美國91%，加拿大90%，澳洲89%，英國88%）。2019年支付業務的貨幣化率（支付業務收入／GPV）為2.7%。

Shopify Capital 貸款予客戶

融資服務的Shopify Capital為客戶提供所需的貸款，並通過在抽取商戶的一部分未來銷售收入來償還本息，一般的償還期限為12個月，且會事先確定固定的利率，且本身為了扶持商戶，Shopify Capital的利率水準較低。物流服務Shopify Shipping與DHL、UPS、USPS等第三方物流商合作，為商戶提供多家物流公司的選擇，同時將物流方的運單追蹤系統集成至Shopify的平台上，使得用戶可以通過Shopify Shipping直接進行物流管理。商家通過Shopify Shipping可以享受一定比例的物流費用折扣，Shopify會從折扣中抽取一定比例的費用（不到10%）作為其物流業務的收入。2019年7月，Shopify推出基於人工智慧的Shopify分發配送

網絡SFN，在內華達州、加利福尼亞州和德克薩斯州的7個倉庫集中不同Shopify商家的商品並進行集中配送，提升物流效率並降低成本，在倉儲追趕亞馬遜。Shopify於2019年9月以4.5億美元收購了自動化倉儲解決方案提供商6 River Systems以加強在倉儲領域的綜合服務能力，作為2019年才開展的新業務，收購了6 River Systems後已經具備了一定的綜合倉儲配送服務能力。

估值：Shopify股價5年升60倍

2020年7月29日，Shopify發布了第二季報。報告顯示總收入7.143億美元，同比增長97%；訂閱解決方案收入1.964億美元，同比增

長28%；GMV為301億美元，同比增長119%；毛利潤達3.75億美元；同比增長83%。截至8月23日，Shopify收盤價1,021.12美元，已是2015年5月21日發行價17美元的60倍，這一切是怎麼做到的？

圖表3.41　Shopify（SHOP.US）股價走勢

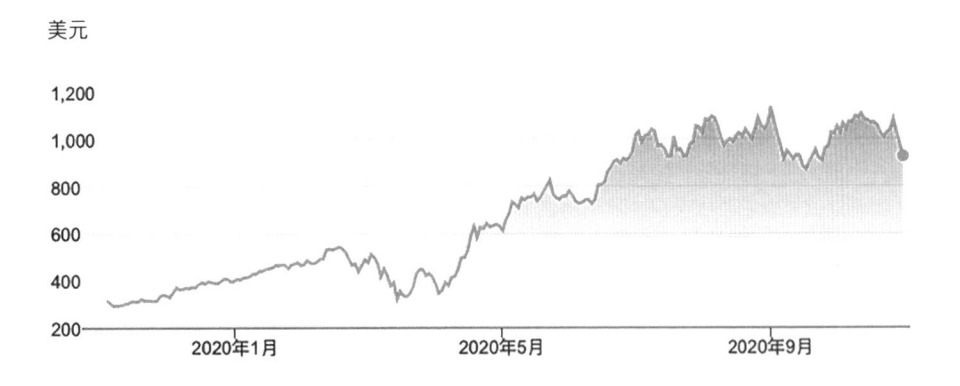

理念：商戶第一

大部分商業故事的起點都是源自一些小小的想法。2002年，年僅22歲的德國程式員Lütke在加拿大遇到了志同道合的科技愛好者Lake，開了一家賣滑雪裝備的網點Snowdevil。當時互聯網世紀大泡沫剛被戳破，技術傍身的Lütke發現：在電商發展的高速時期，

不是所有人都具備他這樣的電腦知識，可能正為如何建站發愁。於是 Lütke 拍板決定，將公司轉型為專為小型電商提供建站支持的服務商。將公司更名 Shopify，由此開啟了一段傳奇。

商業理念可以保證企業發展過程中不會走樣。Shopify 的理念是一直秉承「Put merchant first」商戶第一，幫助各類零售商搭建電商獨立站，打通線上銷售管道；同時改善消費者的線上購物體驗。Shopify 為客戶提供銷售介面搭建、訂單管理、客戶管理、行銷推廣、線上支付等一站式服務。

成為 SaaS 領域領頭羊

同樣是開網站的服務商，Shopify 做的特別出色。截至 2019 年，公司已經幫助全球 175 個國家約 107 萬家企業建立了線上商戶，其中包括 Allbirds、Gymshark、PepsiCo、Staples 等大型品牌客戶。平台整體 GMV 達到 611 億美元，2014-2019 年 CAGR 高達 75%，在美國零售電商市場的份額已經達到 5.9% 僅次於亞馬遜（超越 eBay 成為北美電商第二級）；作為電商軟體服務提供商，根據 Builtwith 提供的數據，2019 年在美國電商 SaaS 市場的份額已達到了 31%，成為 SaaS 領域當之無愧的領頭羊；收入達到 15.8 億美元，貨幣化率為 2.6%。僅在 2019 年，全球約有 2.2 億消費者從 Shopify 的線

上商家購買了商品，Shopify的創始人之一芬克爾斯坦說：「我們的目的，並不是要做一個交易平台，而是讓終端消費者不僅能找到新的本地企業，而且還能跟他們喜歡的品牌互動交流。」

微盟——國產Shopify？

微盟（2013.HK）是國內領先的中小企業雲端商業及行銷解決方案提供商，其主要基於微信平台通過公司的SaaS產品（商業雲、行銷雲、銷售雲）幫助中小企業進行數位化運營。同時整合優質的流量資源（騰訊、頭條）向中小企業提供精準行銷服務，協助其進行廣告投放。

圖表3.42　微盟集團（2013.HK）股價走勢

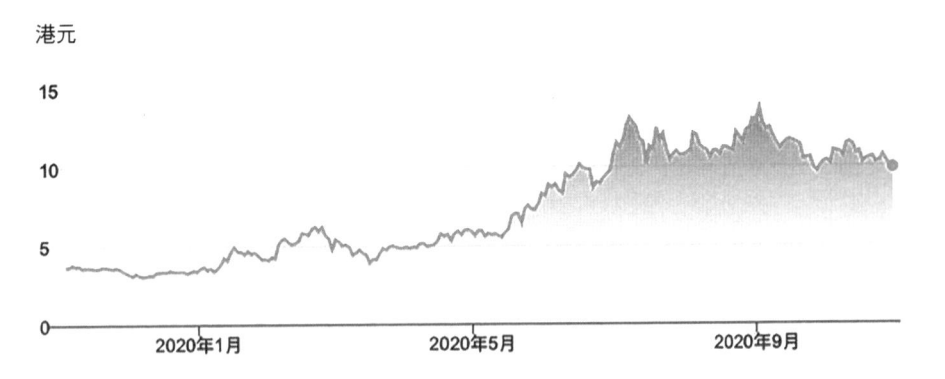

2019年，微盟收入14.4億元人民幣，同比增長66%；調整後歸母淨利潤7,796萬元人民幣，同比增長37%。SaaS業務增長提速，收入同比增長46%達到5.1億元人民幣；付費商戶數同比增長23%至79,546家，智慧零售商戶數達1,101家，智慧餐飲（餐飲雲）達4,602家。精準行銷業務逆勢增長。廣告市場需求疲弱，2019年公司流水依然同比增長112%至53億元人民幣，得益於廣告主對效果類廣告的偏好。付費廣告主數量同比增長19%至3.4萬家，每用戶平均收入（ARPU）同比增長77%至15.4萬元人民幣。

儘管微盟等第三方服務商與Shopify的服務相似，但是國內微盟這樣的廠商已經沒有可能在商戶服務的那麼多端口切入，支付、融資、物流、倉儲均已有該領域的領軍者，在這樣的大環境下專心突破訂閱服務顯然是一個更好的選擇，這都依賴於微盟獲得騰訊背書並依賴騰訊成熟的交易載體和支付技術。

為商家投放精準行銷廣告

從2016年微盟開始為商家在騰訊社交媒體平台投放精準行銷廣告，微盟建立了以商業雲、行銷雲、銷售雲為代表的產品矩陣，並伴隨微信端越來越精準的用戶標注與用完即走的小程式體驗，微盟得以打造從建立畫像、行銷投放、轉化分析等一些列閉環行銷。

國內已經沒有那麼多基礎設施建設需要微盟參與完成，微盟目前的收入也主要來自訂閱服務的SaaS服務費與廣告佣金，然而微盟在雲端的建設也彰顯了其深耕行業的野心。

電商雲中微商城幫助客戶搭建全面的電商銷售體系，賦能客戶使其擁有完整的線上開店能力；客來店為門店商戶會員管理服務、線上線下銷售服務、門店管理服務等雲服務。餐飲雲中微盟推出的微盟雲小店助力餐飲企業搭建外賣自營平台，並通過精準行銷，微盟還於2020年2月收購無錫雅座，旨在打造餐飲行業前中後端解決方案。酒旅雲依託蜜鳥為酒店搭建微信直銷平台，行銷雲主打只能行銷，銷售推幫助銷售人員提升獲客能力。這一系列舉措均體現了微盟與商家融合經營的野心。在國內「Shopify」的市場並不如海外那麼廣闊，類似微盟這樣選擇除了訂閱服務外參與客戶經營並深耕行業也不失為一種可行之策。

3.5

拼多多
打拼社交電商

除了金融業，香港普通消費者對拼多多（PDD.US）了解應該不深。2020年香港住宅區範圍新增了好多集運站，但筆者親自體驗的發現大部分生意都是淘寶和京東，拼多多在香港並不算流行。

但要知道倒推五年前，國內一早已經認定淘寶京東雙雄爭霸之下很難再有第三間網購平台跑出。其主要原因是兩間巨頭的消費者習慣已經被培養，網購技術相當成熟，物流供應鏈遍布全國，商家資源豐富，單純的抄功課根本沒有可能搶奪市場。在這樣的背景下，拼多多居然成功了。

起源：學霸和白手興家

拼多多的老闆黃崢有非常多的標籤，其中學霸指的是傳聞其中學讀書時期，因為成績優異已經被報送到浙江大學修讀計算機；到了大學學習，因為電腦技術強勁而出名，網易（NTES.US）的老總丁磊親自向大三時期的黃崢請教技術問題；畢業後出國留學，2004年碩士畢業，面臨的選擇是究竟去微軟還是Google，後來網易丁磊將黃崢介紹給了業界大佬段永平，在段永平的指點下去了Google三年，並和段永平一起出席了2006年巴菲特午餐，當時，黃崢才26歲。

當然，學霸也會有失敗的經歷，黃崢回國後先後創了三次業但表現麻麻，一直到2015年才補抓到一個電商突圍而出的好機會——社交電商。

「拼好貨」團購大受歡迎

2015年4月，拼好貨正式上線，主打自營水果團購，簡單理解就是用戶通過微信等社交平台邀請朋友組隊，達到一定人數後就成功減價。產品一開始就受到歡迎，而且組隊的模式裂變特別快，用戶和銷售額增長理想。但後來黃崢發現水果為生鮮的限制，材料損耗特

別高，資金運轉壓力很大，所以在開辦了幾個月馬上轉型開設做服務所有產品類別的電商平台。2016年9月，拼好貨和拼多多合拼，統一以拼多多的品牌出現。

黃崢對拼多多的定位是：一種Facebook和團購網站混搭的購物平台。在前端，它利用社交時代人們願意分享的特點，以拼團模式，通過人與人的社交連接，快速準確的將其聚焦。其背後的邏輯是：最好的銷售員不是明星或者專家，而是你身邊的朋友和親戚。拼多多成功利用技術，將團購變得好玩之餘，也可以做到規模效應，同時使用非常方便，就算農村或四五線城市的用戶也可以很快學會。憑藉這種新的推廣手法，拼多多三年上市，五年成功成為了電商界的巨頭，《2019胡潤80後白手起家富豪榜》中黃崢以1,350億元人民幣位居第一位。

投向三四線城市和年長用戶

拼多多顛覆了很多人對傳統電商的印象。在剛開始的階段，拼多多並沒有選擇和淘寶天貓京東直接抗衡，而是選擇了後者看不上的市場——三四線城市和年長用戶。在市場認知中，年輕人才喜歡網購，一二線城市的消費能力高，知識水平較高，更能夠接受網購。但根據2018年《企鵝智酷：拼多多用戶研究報告》顯示，拼多多

的用戶比例中，四線或以下的用戶佔比高達38.4%，一線城市只有12%，36歲以上的用戶佔比13%，比淘寶天貓和京東都要高。這些用戶有一個共通點就是價格敏感性特別高。

拼多多是如何獲取這部分對價格非常敏感的客戶？其中核心點就是性價比，和其他平台不同，拼多多的店舖內產品數目一般不多，由於團購可以在短時間內銷售相當規模的貨品，所以商戶也願意將庫存貨透過拼多多推廣。雖然價格壓得很低，但作為廠商總會有資金鏈緊張或者買錯某一批貨的時候，拼多多去除中間環節直接和廠商聯系，成功以低價取勝並獲取客戶。

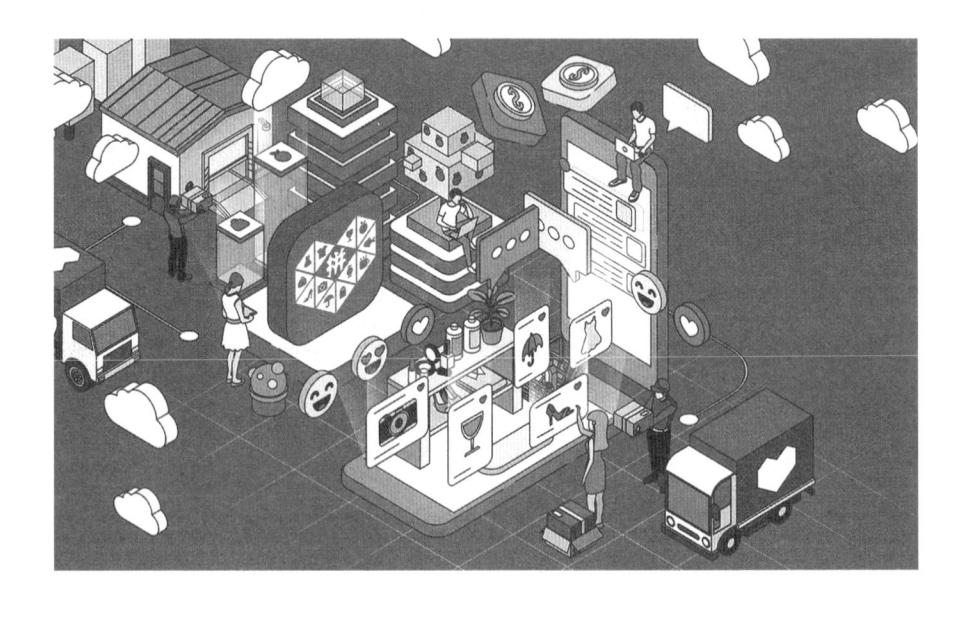

有讀者可能會疑惑，團購香港一早已經有，直至目前還有一些網站在掙扎求存，這種模式究竟有多新？答案是：香港的團購並沒有社交屬性。香港的團購動則100或者數百人成團，團購的產品或服務有限，每個人入團後，就算叫身邊朋友參與也幫助不大，所以大部分都是自己參與就算。拼多多的團購覆蓋了所有產品，並且最少可以兩人成團，大部分的團都是幾個人就可以享受優惠價。同時拼多多透過微信非常便捷地分享給身邊的好友，協助客戶透過其社交圈子轉發。就是這一些小點的改變（當然背後要有非常強大的技術和產品設計），造就了香港團購的消亡而拼多多成功。

沒有購物車的拼多多

拼多多如何實現在短時間內銷售相當規模的產品？上文提及的鼓勵朋友介紹朋友的模式固然定位很成功，但很多細節位也非常重要（畢竟拼多多要教會不少農村客戶知道怎麼用）。其中一個著名的例子就是拼多多並沒有購物車的選項，看似很奇怪，背後卻有其邏輯。

大家在HKTVmall購物，很習慣將所有產品都加入購物車湊夠免運費資格後一次過付款。但拼多多的模式不同，其價格頁面只有一個立即購買價和團購價，假如客戶想用較低的價錢購買多件產品，每一件產品都要拼團，購物車變得可有可無。如果是直接購買，客戶

自然跳轉到支付頁面，也不需要加入購物車，直接可以付款。這裏奇妙的一點是減少了放入購物車環節，不但減輕了客戶使用的教育成本，還加快了客戶衝動消費的節奏，從而推高銷售金額。

估值：過千億市值　未扭虧

直至截稿，拼多多的市值為 1,077 億美元，距離京東的 1,230 億美元還有一段距離，但以 2018 年上市的招股價計算，目前已經錄得數倍升幅。儘管有新的零售模式，投資市場認可，但拼多多賺錢了嗎？

2020 年 8 月 21 日，拼多多發布了截至 2020 年 6 月 30 日第二季度未經審計的財務數據。據財報顯示，拼多多二季度總營收為 121.90 億元人民幣（折合約 17.6 億美元），較上一年同期上升 55%。拼多多歸屬於普通股股東的淨利潤仍處虧損狀態，雖然虧損數額較上一年同期的 10.03 億美元有所收窄，但淨虧損額仍高達 8.99 億美元。

如果說之前阿里和京東並沒有重視拼多多這個對手，到了今時今日，拼多多很難再隱藏起來埋頭發展，而是正面迎戰另外兩個巨頭。就在 2019 年開始，拼多多推出了百億補貼計劃，志在進一步搶佔市場份額，但代價自然是運營成本提高。2020 年拼多多表示還會繼續相關推廣，公司虧損預期在短時間內很難扭轉。這裏的

潛台詞是，假如某天拼多多真正賺錢了，只要運營數據不是跌得太多，這就意味著拼多多走上了另一個階段，市場估值分分鐘超於京東。對於長線基金而言，拼多多作為國內三大巨頭，自然要適當配置倉位。

當然，拼多多也有不少負面新聞和弊端，例如其銷售的產品大多數為非大品牌產品，某些商家面臨京東天貓淘寶系和拼多多只能二選一的問題。其低價路線也導致很難主動吸引大品牌入駐。除此之外，假貨或貨品質量參差的評價常年困擾拼多多，四線城市起家的背景也會讓部分消費者感覺很Low而拒絕使用。最近拼多多也開展了直播的玩法和生鮮市場的嘗試，但要論及拼多多相對其他電商平台的新，假如拋開社交電商和極緻的低價策略，相信很難看透公司新的商業價值。

圖表3.51　拼多多（PDD.US）股價走勢

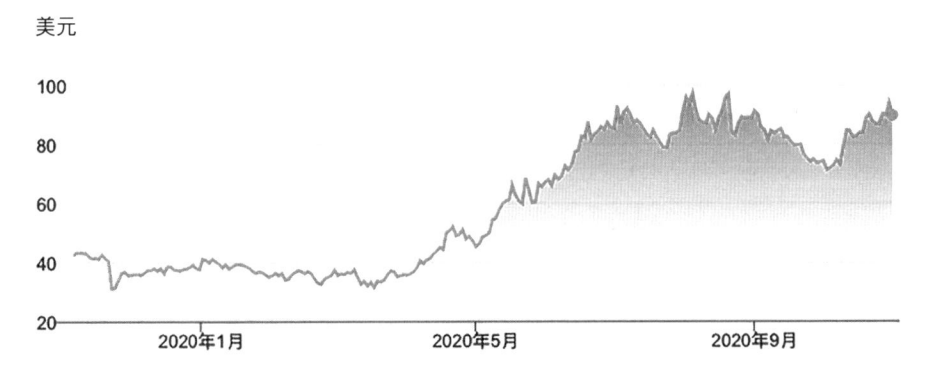

第 **4** 章

新零售變奏：
直播電商

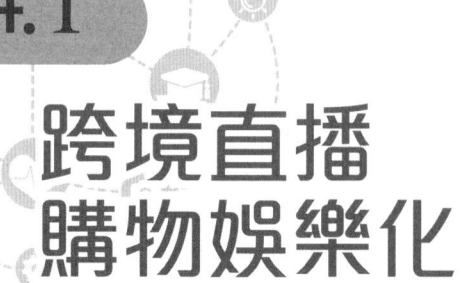

跨境直播
購物娛樂化

由於疫情影響，直播帶貨突然火爆起來。其突圍的核心可以看作是在技術變革和需求變革共同驅動下，線下零售商家觸達消費者的一種最新的管道和內容形式，它實現了對行銷、銷售等零售業活動要素的改變。

實體商家投入直播平台

年初，疫情對實體零售的衝擊，以及淘寶直播抖音快手等平台的商家政策紅利，都加速了直播對線下商業的滲透，傳統零售業態開始跑步進場。根據《2020新零售直播活力報告》統計，僅淘寶直播平台，實體商家的直播帳號於2月起開始激增，2-6月的開播場次

超過32萬場，引導成交額也是一路躍遷，6月引導成交額是2月的578%。

阿里旗下銀泰擁逾6千主播

在「新零售直播商業力排名 —— 商家5月月榜」中，香港人因為2017年阿里提出私有化較為熟悉的銀泰百貨躋身了TOP10。作為新零售轉型最為聲勢浩大的百貨公司之一，銀泰百貨是最早把直播作為公司重要戰略的企業公司，2019年年中就已啟動直播專案，目前有超過6,000名導購成為淘寶主播。銀泰商業集團CEO陳曉東認為，銀泰導購既懂商品、又在生活美學領域擁有專業能力，導購直播不止賣貨，更傳遞審美和生活美學。

通過直播，銀泰可以突破實體門店的地理限制，吸引了90%的新客。最近的暑期，也成為新零售直播觀看高峰期，數百萬00後（2000年或之後出世）在淘寶直播「雲逛銀泰百貨」。報告對比銀泰全國門店和銀泰直播用戶分布，發現銀泰直播用戶最多的20座城市，已經超出了銀泰的線下大本營區域。在上海、廣州、重慶等未進駐銀泰百貨的城市，都吸引了相當一部分直播用戶。

直播顛覆傳統用戶習慣

直播帶貨是在電商和內容深度結合這一趨勢下，以直播為前端切入點，顛覆傳統圖文模式下的用戶習慣，為零售行業帶來的一種新的增長形態。

截至截稿，美國新一波新冠疫情爆發，總統特朗普和其夫人正式確認感染新冠病毒；國內疫情暫時得到控制，但大家出入公共場合仍然保持警惕。疫情重創了全球經濟同時也改變了消費者的習慣：武漢的實體線下餐廳註冊了美團外賣，釘釘日活用戶達到2億，全球化的線上消費習慣與需求催生著國外的商家們積極尋求銷售管道的變革。基辛格的「即便疫情過去，世界也不會是之前的樣子了」的觀點更印證著後疫情時代的到來，「購物娛樂化」已成為現階段商業格局的主旋律。

互動體驗感強

疫情期間，全球化的居家隔離放大了消費資訊的不對稱。面對龐大的產品列表，消費者只能透過產品詳情頁，或買家秀了解產品是否符合自己的期望，購物滿意度和效率低下制約著消費意欲。傳統付費廣告也無法完全滿足當下全球消費者對品牌的需求，品牌與娛樂進行內容聯動，打造屬於品牌自己的內容，才能和消費者保持更緊密的聯繫，進行更深層次互動。直播或許是目前技術下打破時間和空間壁壘，互動體驗感最強的方式。

直播不僅是視頻廣告，它更是一種生活化和互動式宣傳方式。通過直播＋電商的方式，消費者可以更好的了解新產品，品牌方可以更好的介紹商品背後故事，平台可以為用戶推薦最合適的購買管道，商業模式中三方都有機會從中受惠。

跨境電商直播　大勢所趨

Animoto 2020社交視頻報告中，針對1,000位消費者和500家企業所進行的調查中發現，有75%的千禧一代表示：品牌的社交媒體表現會影響他們的消費決定。Cisco 2017年的一份白皮書預測，到2022年，82%的所有IP流量將會是視頻IP流量。此外，網絡視

頻直播將佔互聯網視頻流量的17%，而到2022年將比2017年增長15倍。當然這個預測並沒有預料到疫情對直播和視頻行業帶來的影響。

主流媒體＋品牌的作用有多大？直觀來說，每4個境外消費者中就會有1個人通過觀看Instagram故事之後，進行購買；24%的消費者因為社交媒體上的廣告，比去年花費了更多的錢；60%的消費者在社交媒體上發現品牌的有關資訊。在可預見的未來，隨著電商直播模式的日趨成熟，了解直播玩法的國內平台結合了解當地文化與消費者的網紅一起開闢一個IP化的跨境電商直播是大勢所趨。

114

4.2

亞馬遜及Facebook
加入直播戰場

在海外，電商與社媒平台也逐漸發展完善的直播功能。同在阿里旗下、吸取淘寶經驗的速賣通（AliExpress）早在2017年上線了直播功能，2019年 Sea Limited（SE.US）旗下的 Shopee，以及 Lazada 等擁有中資背景的電商平台，已經部分開放了直播功能，佔據著東南亞的主要電商市場；亞馬遜在4月陸續上線 Amazon Live；Facebook 也於最近收購了一家從事直播購物業務的初創企業（Packagd），以幫助 Facebook 完善直播賣貨功能。

Shopee 佔據東南亞電商市場

海外KOL行銷平台WOTOKOL創始人兼CEO胡煜在採訪中，從流量

層面對電商平台排序，大致是「亞馬遜＞速賣通」；對此，在海外做直播帶貨的賣家劉勇伸從自身經驗出發，認為如果把範圍限定在東南亞和中國台灣，Shopee的直播表現更加突出。

「網紅」和內容創作者在推動零售轉型和電子商務成功中發揮的作用，已在淘寶直播中得到印證。直播帶貨現已成為中國創造就業和創收的重要途徑。在新冠疫情期間，直播帶貨模式推行到海外並不奇怪。Comexplore數據表明，有93%的市場人員認為KOL行銷對於提高品牌影響力有深遠的意義。有75%的市場人員認為KOL行銷可以帶來潛在客戶。另外有數據表明每花費1美元在KOL行銷上，就會有6.5美元的創收。

亞馬遜直播銷量更勝折扣日

市值瘋漲的歐美電商龍頭亞馬遜在2019年4月推出了直播服務——Amazon Live。根據亞馬遜的公告顯示，在剛開始期間通過使用直播功能，賣家的銷售轉化率可以提高3.6倍。到了成熟後直播形式給商家銷量帶來的增長效應依然明顯，甚至遠超折扣日的表現。廣告權威媒體Ad Age指出，與Prime Day（亞馬遜會員日）的每小時銷售量相比，消費電子品牌通過Amazon Live賣貨時的單位銷量增長了95%，家居產品銷量更是暴漲131%。

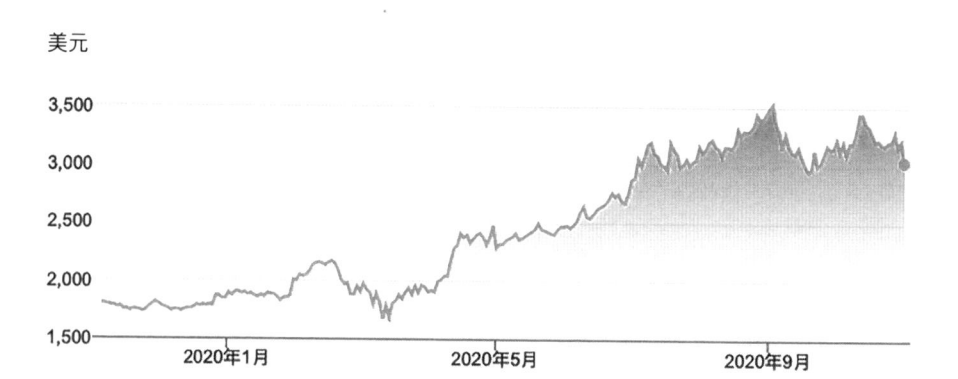

圖表4.21　亞馬遜（AMZN.US）股價走勢

Shopee為逾百品牌直播促銷

東南亞方面，電商巨頭Shopee在為期一個月的Great Shopee促銷活動中推出了Shopee直播，包括歐萊雅、Chope和Innisfree等100多個品牌在Great Shopee 促銷期間進行了直播。參與直播活動的賣家回饋積極，銷售額最高實現了75%的增長。

Lazada在泰國和菲律賓舉辦的以當地品牌為主題的時裝秀「See Now Buy Now」，時尚賣家Salisa Cheewapansri當天的銷售額比平日飆升了至少20倍，所有產品在半天內銷售一空。Lazada先前還在年中大促銷上推出了直播遊戲「Guess It ！」，有2,000個品牌和

來自東南亞6個國家的賣家參與。據了解，期間共舉辦了672場直播，觀看人次超過700萬，獲得200萬條評論，每場的人均觀看時長為8.1分鐘。

圖表4.22　Sea Limited（SE.US）股價走勢

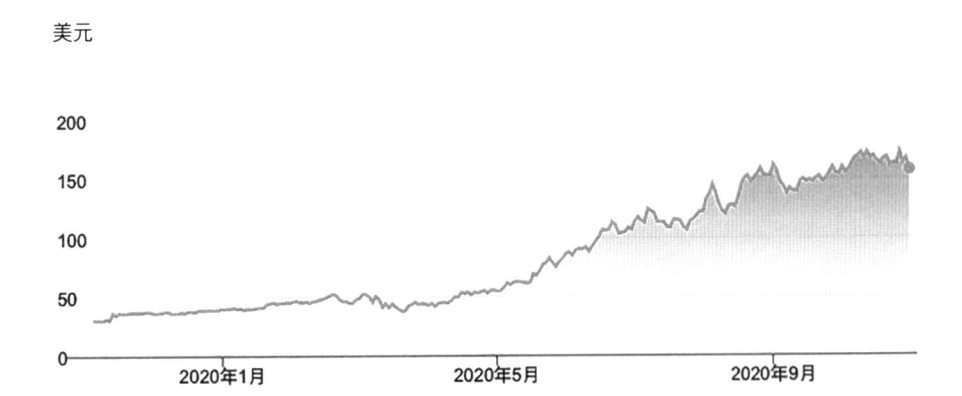

第④章　新零售變奏：直播電商

4.3

內地直播高度成熟
外闖有難度

國內直播帶貨的火熱是平台聚焦流量能力極強，MCN（多頻道聯播網，培訓並簽約主播，對接商家資源和平台）機構國內高度成熟，商家也深諳「直播之道」三者共同作用的結果。然而分析海外的情況，各方發展都不太成熟：電商滲透率低；海外短視頻基本中國在做、但是還在累量階段，變現剛剛啟動；MCN 產業不成熟；商家也與國內完全不同，即使是頭部品牌，真正了解直播的很少。

內地直播動輒上萬人看

境外跟國內直播最大的不同是流量聚合性沒有國內強，即電商直播平台一個時間點同時線上的用戶數量規模還不夠多。如果看流量聚合和直播效果，Facebook 比第三方平台強很多。這是其作為流量導

入平台的優勢，做Facebook直播的賣家可以在站內投放廣告買流量，效果相對更好；在東南亞，Facebook也是更多被用來直播帶貨的平台。但即便是Facebook，直播間的同時線上人數規模也是千人級別。

境外電商平台大部分直播帶貨主播內功修煉並不到位，如下圖所示一名直播帳號為@The Deal Guy的主播，其作為亞馬遜優秀主播被推上主頁，其更新頻次也不過每天一場，時間不固定，每場幾乎不超過1小時，版面和布景設計遠不如國內專業。如果看其他的直播主播，平均開播時長更是佛系的5-20分鐘，更新頻次主要看心情。

圖表4.31　@The Deal Guy主播視頻

圖片來源：亞馬遜網站

相比之下，國內直播2019年雙11數據顯示，僅預售階段就有約11.7萬品牌開啟直播，雙11當晚更是有近10萬個直播間「連軸轉」，頭部大主播李佳琦和薇婭當晚的直播間最高線上人數分別超過了3,600萬和4,300萬。快手和抖音上的普通帶貨主播直播觀看人數也動輒上萬。直至截稿，市場傳聞快手將會在近期向港交所遞交上市申請，集資50億美元，市值有機會達到500億美元；抖音也表示正在認真考慮來港上市，估計有機會超越1,000億美元。究竟短視頻界的兩大王者誰快誰慢筆者不得而知，但直播電商的業務和發展相信肯定會在招股書中出現。

境外直播平台之間過於獨立

國內某些直播平台幾乎和國內所有的電商平台都打通。穿透的綜合平台極大地幫助了MCN公司去做直播帶貨，衡量效果，主播/短視頻作者能夠在後台直接看到收益。例如商家在淘寶開了店，利用淘寶聯盟政策對接淘寶內部，抖音或快手等平台，抖音的視頻或者網紅銷售產品時，客戶點擊購買產品將會自動跳轉到淘寶交易，所有數據均可通過後台查閱。

反觀海外市場，境外直播各平台之間的相對獨立，也在一定程度上限制了海外直播帶貨行業的發展速度。目前Facebook的直播帶貨，

大多數給獨立站引流，就是直播視頻下面，附一個跳轉鏈接，所以主要是商家自播。如果使用MCN，商家需要自己花上不少精力跳轉到網站後台或通過郵件聯繫商家去做效果追蹤。

基於這樣相對獨立的平台，海外電商與社媒代表的是變現和流量兩方。海外社媒平台直播帶貨的爆發可能性更強，但電商的交易付費轉化率可能更高。電商平台直播的核心做法是在首頁開放窗口來讓用戶點擊，但實際點擊的用戶很少，而社媒平台直播可以吸引大量流量，但有時候成交是完全脫離平台的。

消費者需要在社媒平台上的網紅影響力和電商平台的品牌效應之間做取捨，帶來的是兩個平台的變現能力與用戶黏性都不盡人意。海外MCN和直播帶貨能夠做起來的前提是大平台先打通數據，讓主播可以直接通過系統的方式賺取銷售分成。

境內外佣金模式不同

而目前國內直播帶貨分成情況對商戶並不算友好，往往是掌握著流量的主播和MCN佔大頭，通過頭部主播帶貨後，商戶實際賺取的金額並沒有表面那麼光鮮。淘寶聯盟是當前較為成熟的電商CPS（以實際銷售產品數量來換算廣告刊登金額）收益分配結算模式。

在淘寶聯盟CPS結算框架下，商家設定商品售價及站外推廣佣金比例，主播在完成推廣後，該比例的銷售額即站外推廣佣金，由淘寶聯盟來進行分配。淘寶聯盟首先會收取佣金的百分之十作為技術服務費，剩餘部分由主播、主播所在的MCN機構、內容發布平台（如抖音和快手）之間進行分配。

對於主播與其所在MCN機構之間如何分配，一家與淘寶直播合作三年的MCN機構納斯負責人透露，按照幫商家帶貨的交易額抽取佣金，比例在20%-40%；獲得的佣金在機構與主播之間分配，其中主播獲得的比例為50%-80%。

相對而言，海外流量平台和電商平台的佣金模式較為簡單粗暴。以YouTube為例，在原有YouTube的廣告分成下，個人網紅或MCN的分成佔比約為55%。其中MCN模式下，MCN抽取55%中的20-30%。MCN和個人網紅可以直接與品牌主直接對接，社交平台不抽佣。對於東南亞平台，直播帶貨還要再被支付管道分一次抽成也是個頭痛的問題。尤其在泰國、印尼、菲律賓，本地支付管道的抽成非常高。以菲律賓為例，市場覆蓋率較高的管道，單筆充值的分成甚至比App Store/Google Play還高。總體上說，電訊運營商管道的費率都很高，電子錢包類的會好一些，ATM和7-11這類線上線下結合（用戶付起錢來比較麻煩的管道）是最平的。

內地直播技術高一籌

Google、Facebook在美國以外市場的成功充分說明了領先的工具類、社交類產品具有的極強的文化穿透力，而直播軟體又是集工具與社交的屬性於一身的互聯網產品。對於整個電商平台而言，直播電商應該只是其中一個不大的功能，而且國內已經有成熟的模式，但通過上述的分析，大家應該認知到就算想將同樣的商業模型帶出海也非常不容易。除了本土化之外，直播帶貨不僅僅是增加一個功能插件那麼簡單，而是整個商業模式，業務生態的改變。單憑在中國做得好，國外也可以做好的天真想法出海，很有可能碰上暗礁。

但不可否認的是，內地的企業在直播技術和玩法已經領先了境外的企業一大步，其市場空間非常龐大，國內直播電商廝殺的同時，境外搶灘已經成為了一致觀點，其區別只是由國內公司發起還是香港乃至當地的公司發起。相信在接下來的一年尤其是疫情緩和後，直播電商出海的發展將會是八仙過海，各顯神通。

國內的直播電商商業模式成熟，海外較弱，目前出海的阿里和京東最為突出，但也有很多小平台正在發展中。

第 **5** 章

年輕就是本錢
Z世代消費力

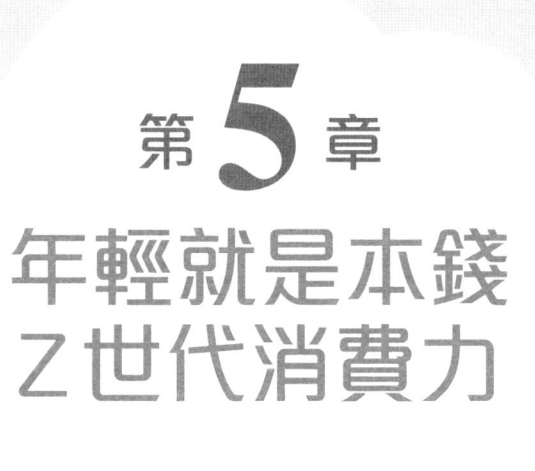

5.1

擁抱Z世代的
4大板塊

在筆者讀大學時，對買賣的理解是產品的交換，後來從事了金融業，對買賣的理解轉為了價值的判斷。隨著年資的增加，接觸的行業和企業越多，難以理解的買賣就越多，正如股票市場上脫離基本面的莊家股永遠不愁沒有散戶跟風，又如一模一樣的產品，透過宣傳和包裝價格差異可以達到數十甚至一百倍。

Z世代佔中國人口約19%

世界的未來是年輕人的，這句口號不單可以作為中學校長的演講稿內容，還可以作為基金經理和分析師的估值參數。一個新名詞「Z世代」在近年市場被提起，其通常是指在1995-2009年間出生的人口，這個年齡層的年輕人約佔中國人口約19%。

根據凱度和騰訊在2019年1月發布的《Z世代消費力白皮書》數據顯示，國內「Z世代」月均可支配收入是3,501元人民幣。2020年5月29日，總理李克強回答記者問題時候談及中國有6億人月均收入只有1,000元人民幣引起市場關注。有對比才有差異，Z世代強悍的消費能力尤其是潛力被資本寄予厚望，一個企業只要扯上Z世代的大皮，估值就可以擁有不可思議的提升，Z世代真的是估值的財富密碼嗎？

年輕人很值錢

Z世代極為強調個性，也就意味著對於Z世代的年輕人而言，沒有主流的概念，年輕人根據自己的興趣人以群分，過著他們自己選擇的生活。大型品牌的宣傳策略包括代言人，大規模電視和線下廣告，越來越不受年輕人的歡迎。在消費投資方面，多關注細分領域的龍頭或者某一小群人特別喜歡的產品，也容易跑出不錯的收益。

隨著移動互聯網的普及，人們得以足不出戶滿足吃喝玩樂等各種需求，年輕人也冒出了興趣消費和亞文化的消費需求。亞文化市場空間，如動漫，線上交友，遊戲等。平台側O2O行業爆發式發展，彈幕網站走向大眾，小說網站逐漸強勢從內容分發變為IP培育，國產動漫行業蓬勃發展。外賣、生鮮電商、各類上門服務更加方便。二次元從小眾文化走向前台、手機遊戲、手機動漫、網絡小說這些曾經不被長輩們認可的東西也走向了前台。

然而在內容行業之中如何計算投資的收益是一件難以估計的事情，沒有人能夠保證做出來的內容一定會得到消費者的認可，對於有過爆款IP的公司來說，每一次創作都是新的開始，因而充分利用一個優質IP就成為必然，網絡小說/漫畫的火爆可以不僅僅局限在網文/漫畫圈，動畫化、影視化、遊戲化在增加優質IP影響力的同時，也取得了更加豐厚的經濟收益。受到歷史原因影響，國內的動漫、電影、遊戲等行業的頂尖內容品質仍然與世界頂尖水準有著一定的距離，加之內容是否得以獲得認可的不確定性也為這一領域增加了許多變數。

不是所有公司適合Z世代

無論是開公司還是投資公司，請不要以為年輕人就容易被「忽悠」成為用戶，事實上，Z世代憑藉網絡獲取的知識量可能遠超大部分人想像。要成為Z世代的寵兒，這些公司的內容必須符合年輕人口味，用戶體驗要好，收費模式最好有創新等等。

未來的市場空間與風險

Z世代對於新產品服務尤其是娛樂的用戶體驗要求達到歷史以來的巔峰，商用5G時代的到來賦予了文化娛樂更大的想像空間。雲遊

戲，VR遊戲，AR直播等應用已經初見成效。雲遊戲將降低內容充實的3A遊戲的遊玩門檻，只需網絡服務達標可以在電腦或手機硬件稍弱的情況下進行遊戲，「點擊即玩」再也不是頁遊的專屬；即便雲遊戲目前已經可以支持遊玩高端品質遊戲，但其成本仍舊較為高昂，如何達成收支平衡是雲遊戲商需要面對的頭號挑戰。VR／AR，技術隨著5G的應用擴大，VR直播、遊戲，AR遊戲等應用的難度也降低不少，無論功能如何發展，商業化將是這個年代繞不開的話題。

在線教育、社交、娛樂、購物

如果說行業板塊，市場對於Z世代目前最主流的投資布局圍繞在在線教育、在線社交、在線娛樂，以及在線購物四大板塊的上下游布局投資。未來很可能有更多千億甚至萬億市值的公司從中出現。

但投資總會有風險，尤其是四個板塊內有非常多的公司，究竟如何選擇？即使是單一板塊，其發展成熟程度不同，在不同周期有不同的業務拓展方式和估值，除了跟龍頭之外，讀者想挖掘下一隻十倍股，相信要花更多精力。

日前，作業幫、猿輔導、跟誰學（GSX.US）、好未來（TAL.US）在暑期檔都燒了超過10億元人民幣的廣告費用，線上教育進入了競

爭最為激烈的階段，但是以教育行業自身的特性而言，一家獨大的格局難以出現，更可能出現的結局是巨頭割據。

線上社交每一段時間都會被重新提起，陌生人社交、興趣社交、語音社交等粉墨登場，未來如何發展局勢尚不明朗。線上娛樂隨著5G等技術的成熟，雲遊戲，VR／AR+將會打亂現有格局，為用戶帶來全新的體驗，當中的企業包括 Tinder（MTCH.US），Snapchat（SNAP.US）及映客（3700.HK）等。

至於線上購物，巨頭們的增長必然有著其天花板，無論行銷形式如何變化，終歸會與線下達成平衡而後溫和增長，即新零售模式下的各種手法，包含直播電商，社交電商，和線下結合的無人電商和前置倉等。

132

5.2

bilibili的
「陪伴經濟」

一段時間前，虛擬伴侶的話題隨著bilibili（BILI.US）等視頻網站上的測試視頻非常火爆。筆者也是在當時第一次接觸陪伴經濟的概念。

虛擬伴侶、父母等一應俱全

虛擬伴侶玩的是甚麼？其具體內容是以半小時為單位計費的虛擬伴侶，可提供叫早電話、晚安哄睡、學習監督、遊戲陪玩，語音連麥等陪伴服務，服務的價格也會根據服務者的級別有所差異。除了虛擬男/女友的情感需求之外，服務者還可以扮演虛擬父母暖心督促，扮演虛擬青蛙、佛祖或者有人氣的影視角色如李雲龍搞怪來尋找趣味。

以虛擬男友為例，在bilibili上的測評視頻中，UP主（上傳影片的用戶，潮流用語）「一條鹵蛋」繳納一人兩元的試音費用，進入試音群的「男朋友」們每人發一段10-20秒的語音來介紹自己的特點，被選定的「男朋友」會打電話過來陪客戶傾計，開啟一段陪伴之旅。

圖表5.21　bilibili（BILI.US）股價走勢

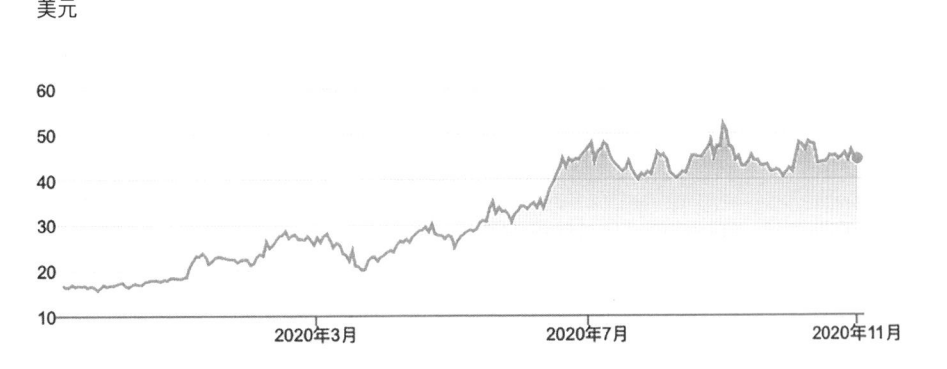

美元

陪伴需求蔓延至生活場景

除了淘寶之外，此類陪聊服務也在「比心」陪練與QQ群中存在，後者不同於前者有平台限制，其黃色生意更易滋生，暴雞電競於2018年被下架，比心也曾因為色情問題被蘋果下架，行業發展到現在，伴隨監管和平台的成熟，黃色交易的情況已經有所改善。

不知大家是否還記得前幾年共享經濟火熱時出現的共用男／女友，相較於共用男／女友的獵奇，虛擬男／女友這種的陪聊服務的變種相較而言有跡可循。在日本各種羽量級的陪聊、陪散步、陪玩等服務也較為常見。一般日本陪伴服務每小時5,000日元（需視乎活動額外支付食飯和電影票等費用）左右就可以與異性一起逛街、玩遊戲、購物。

在現實之中找伴侶的門檻在變高，需要錢來支撐感情，也需要時間來經營情感，對於生活在大都市中的青年人而言，背負著生活壓力的他們有時候不得不忍受孤獨，隨著生活方式的改變，夜場等風靡全國的釋放方式也不復當年之勇，陪伴的需求蔓延到更加多元化的生活場景之中。

「陪玩」不是娛樂直播

隨著遊戲產業的發展，陪玩這個衍生出來的小眾市場也逐漸走入人們眼中，陪玩平台意圖連接陪玩從業者與顧客，通過佣金抽成收取服務費，並引導用戶在平台社區進行社交，提高用戶黏性的同時利用優質內容拉新。為了獲得融資，不少企業對於市場的潛力也有誇大之嫌，有將陪玩的目標用戶定義為所有玩遊戲並且肯消費的用戶，也有不少人將一對一或一對多的陪玩喻為娛樂直播的升級。假

如這個邏輯成立，陪玩的天花板將會是遊戲或直播的萬億市場，投資潛力和增長空間驚人。

但筆者認為，雖然同樣都是為了娛樂和滿足感，陪玩的「陪伴」和傳統買點數玩遊戲或者遊戲中買道具有著截然不同的特性。點數購買是玩遊戲的「剛性需求」，道具滿足了遊戲角色虛榮的滿足感，陪玩更多的是一個小眾的情感服務，很難發展成為一個普及化和大流量的產品。

陪玩與娛樂直播的差異也非常大，在映客直播，一個優質的主播可以同時和幾百甚至幾萬個觀眾互動。但大部分陪玩平台的主播一時間只能服務一位顧客和最多不超過10位客戶（再多就缺乏了陪伴的感覺），各類社交遊戲的特性也決定了一位顧客一般同時不會點很多陪玩。

陪玩並不需要特別強的技能，無論是技術高超風趣幽默的小哥哥，抑或是活潑開朗善解人意的小姐姐在這個圈子都可以遊刃有餘。陪玩的收費場景可以是熱門的王者榮耀、和平精英等手遊，又或者是你畫我猜、五子棋等小遊戲。當然也有純粹陪聊天，唱歌的傳統模式。良好的溝通能力與同理心都會增強體驗，只要顧客玩得開心，平時積極維護與顧客的關係，主播和平台便可以獲得可觀的收益。

「陪玩」需監管　確保質素

相信肯定會有讀者認為這些「陪玩」的人肯定會有一些灰色甚至違法的交易。確實荷爾蒙作為人類的底層慾望之一，在陪玩場景中的存在很難完全避免，但是在平台的監管之下大部分的特殊交易都會被封禁，留存下來的需求更多的是對伴侶的渴望，希望能夠通過陪玩短暫的品嘗戀人的滋味。對於陪伴經濟，大家也不必要太苛刻，正如電話也有電話詐騙，信用卡資料也經常出現被泄露，從行業屬性而言，有需求就有供應，陪玩的生態已經形成，並且有一定的市場和投資潛力。

以某個陪玩平台為例，其功能可分為陪玩下單、內容社區、語音 /直播房間等玩法；消費者陪玩下單可以在相應的遊戲分類中選擇感興趣的熱門遊戲種類，在列表中選擇感興趣的主播，也可以在派對房選擇你心儀的陪玩；內容社區有根據地理位置的同城內容與根據推薦演算法的推薦內容，陪玩與顧客均可以在社區發布動態以吸引關注。

與直播平台相比，陪玩平台的直播更多的是一種陪玩展示的平台，而非與直播平台搶奪市場，而直播平台依靠其本身的流量引入陪玩將會是對陪玩平台造成一定程度的衝擊；語音房則有歌房、配對房、電台、點歌房等多種形式用以完善更多的小眾需求，配音、小遊戲、狼人殺、裝扮、海灘甚至語音速配等功能都是其為打造娛樂生態所做出的努力，但是相較於對應領域的垂直產品，更多的是為了增加現有用戶的黏性，其主要的競爭力還是在陪玩板塊。

儘管對於平台來說陪玩交易抽成不如直播平台的抽成來得多，但是陪玩比起看直播，消費者更容易獲得陪伴感，孤獨得以化解，是一門較為長遠的生意。對於陪玩的從業者來講，陪玩收入的下限比直播主播要高一些，新的直播主播做一日可能收益寥寥，但是陪玩將自己的價格壓低一些接一天單可以獲得確定的收益，相較於直播主播而言來源更加穩定。對於平台而言，部分熟客和陪玩認識了之後，會選擇通過微信等通訊工具聯繫跳過平台以規避抽成，這會在

138

一定程度上損害平台的利益，當然陪玩也需要承擔顧客不認數的風險。

「解決寂寞」的生意

除了陪玩遊戲外，不少陪伴經濟下催生的 APP 還有陪唱歌、心理諮詢、陪看電影、陪學手繪、簽名設計等在互聯網出售時間的服務，事實上這已經將陪伴經濟的定義擴大了。玄學一些，就是將「解決寂寞」的生意都包含在內。

例如有一些分析將寵物生意納入陪伴經濟的版圖。其邏輯是，很多消費者還會選擇寵物以舒緩生活中的壓力，排遣自己的孤獨；除此之外，寵物所帶來的社交屬性也成為很多年輕人鍾愛的標籤，「擼貓」，「鏟屎官」等辭彙的破圈也印證了年輕人對於寵物的喜愛。

根據《2019年中國寵物行業白皮書》分析，有59.1%的寵物主人將寵物視作自己的孩子，還有27.8%的人將寵物視作親人，其中隨著社會身份的改變，人們對於寵物的態度也會有所不同，已婚人士更願意將寵物當作自己的孩子，而單身群體則更願意將寵物當作陪伴自己的親人以舒緩自己的孤獨感。作為主人情感寄託的寵物也會獲得更多的精力照顧，主人也願意為其支付多項相關消費。

這裏的商機有多大？根據行業調查報告顯示，有46.9%的寵物主人被攜帶寵物出行的困難所困擾，並有43%的寵物主人認為寵物看病的花費較高，這個問題在一線城市尤為突出佔49.5%，而三線城市中寵物帶來的鄰里矛盾與公共衛生問題相較而言更為突出。

寵物市場在發達國家已經經歷長時間的發展並形成完整的產業鏈，從上游的寵物繁育、交易、食品、用品到下游的寵物醫療、培訓、美容等，但是其中最大的細分行業仍是寵物食品與醫療這樣的剛需行業。

年輕人不斷有新需求

假如上面的理論成立，陪伴經濟的規模就非常大了。大家不妨思考一下自己感到寂寞的時候會做甚麼，例如飲酒？購物？又或者一個人打邊爐？當然市場對於陪伴經濟的共識主要還是針對年輕人市場。在如今的社會結構下，青年人作為一個個孤立的個體，面對更加單薄的社會關係，更需要陪伴與寄託。從酒吧、卡拉OK到陪玩、養寵，年輕人的生活方式的變化也推動了相應產業的發展。

陪伴經濟規模雖然可大可小，但其背後象徵的是新經濟尤其是年輕人崛起的新需求。套用互聯網思維，是否滿足需求是所有產品的靈魂考驗。因此對於這些界限模糊，盈利模式還未明確的新熱點和風

口，筆者個人認為始終還是要看看有沒有產生新的模式和商業閉環。假如只是一個概念而沒有落地的技術解決方案或者商業模式未成型之前，而讀者本身對這個行業又不是非常了解，筆者還是會建議不要輕易做決定。或許這個做法會錯過一些短炒的機會，但請相信，長遠而言，並不會錯過太多利潤之餘，還可規避不少風險。

陪伴經濟是一個熱門概念，因此界限模糊。Youtube，FB，抖音，甚至TVB都算是陪伴經濟，因為當我們無聊的時候，都可以有個地方陪我們。只是目前透過技術，可以有真人在線上直接陪伴你，所有直播平台例如映客（3700.HK），虎牙（HUYA.US），花椒；社交平台積目，Blued（BLCT.US）等公司都可以是陪伴經濟的體現。

5.3

抖音精準捕捉
年輕人口味

為目前風口的抖音，為了實現公司的內容必須符合年輕人口味，用戶體驗要好，收費模式最好有創新等等這些點，花了不少力氣。抖音的內容年輕、又潮又酷，用戶習慣點讚，適合種草。為了確保內容的品質，抖音從種子用戶邀請了藝術院校的小哥哥小姐姐，隨後多頻道聯播網（MCN）機構入局，再到邀請明星達人，通過運營拉攏了一大批優質內容生產者，構建了豐富的內容生態。

精準推薦廣告

有了優質內容還不夠，將優質內容分發給用戶也是抖音需要解決的問題。當一個用戶上傳了短視頻，系統判定沒有違規後將進入種子流量池，分發給當時線上的200個用戶，抖音會對用戶的行為記錄

進行分析，根據完播率、評論、點讚、分享、關注等判斷是否推進下一等級更大的流量池，如此循環往復，使得用戶喜愛的視頻呈現到更多人眼前。抖音的演算法根據用戶行為為每個用戶標記特徵標籤，利用程式識別視頻內容，根據用戶回饋判別視頻流行度，而後綜合考慮用戶特徵、視頻特徵與對視頻流行度預測實現精準的推薦。

目前抖音較為成熟的商業化途徑是依賴廣告，抖音利用收集到的用戶畫像利用演算法進行精準推送，無論是利用資訊流廣告推廣遊戲、定制品牌廣告宣傳品牌、或是「DUO+速推」投放視頻皆是如此，沒有人比抖音更了解用戶，自然就可以賺到精準投放廣告的錢。

致力向電商發展

除廣告之外，電商也是抖音商業化發力的方向。2020年6月18日當天，位元組跳動成立以及業務部門電商的消息得到證實，而抖音當仁不讓成為了位元組電商的主戰場。在2018年3月，抖音上線「購物車」、「商品櫥窗」等工具，通過視頻種草為淘寶等第三方平台帶貨；2019年一季度，抖音推出「精選好物聯盟」與位元組旗下電子商城「放心購」聯動，「抖音小店」即為此舉的產物；2019年8月付費視頻加熱工具dou+也上線了店舖導流功能。2020年4月抖音高調宣布簽約初代網紅羅永浩在抖音開啟直播電商，並從5月開始開放個人入駐小店，並宣布計畫投入流量扶持企業號，6月抖音小店APP上線。抖音目前依然可以調轉到第三方電商平台，但與此同時持續加大對抖音小店的扶持也昭顯著抖音的野心。

5.4
Blued
聚焦小眾社交

互聯網企業的流量非常重要，但是否所有的企業都必須有非常廣闊的覆蓋面？在社交平台氾濫的今天，如何專注細分市場並將線上線下有機結合聯動起來是社交平台更需要考慮的問題。Blued（BLCT. US）作為專注LGBTQ（性少數群體）的社交平台證明了一個細分領域可以被深度發掘出的價值。

2020年7月8日23:00，內地最大LGBTQ社交平台Blued母公司藍城兄弟，在美國納斯達克證券交易所上市，募集資金由招股書中的5,000萬美元上調至8,000-9,000萬美元，首日收漲46%，盤中股價翻倍多次熔斷，這算得上是轟動垂直性社交產品圈的一件大事。可能有的人對Blued並不熟悉，但Blued在（大陸的）同性戀群體中市佔率高達90%以上。

最初只是個人網站

Blued最初只是一個名為「淡藍色的回憶」的個人網站，創始人耿樂創立初衷是為性少數人群提供一個交友空間，排解日常生活中的孤獨和疏離，同時為大家普及愛滋病毒認識和預防的知識。網站在2000年上線，那正是門戶為王的時代，日後的BAT三巨頭都還在尋找方向，那時的騰訊還在深圳一間寫字樓裏遭遇生死考驗。

「淡藍網」不斷向同性群體輸出的接受包容和支持的態度讓他們在這個網站中（基於相同的性取向）尋求到了認同與歸屬感。2012年，網站創始人耿樂將網站移動化，創立了基於地理位置的男同社交軟體Blued，軟體上線後迅速成長為藍城兄弟的核心資產，僅6個月，用戶就突破100萬。

在轉型與快速發展的時期，Blued的理念也是忠於為同性群體提供服務，幫助線上的同志群體線上下獲得群體認同。不斷積極參與著線上線下的活動，比如法拉利姐帶領Blued方陣眾人參與2014年台北同志大遊行，並被主流媒體爭相報道，產品開始走向公開的一面。Blued還推出了《我和X先生》視頻系列，並聯合阿里巴巴、北京同志中心贊助10對同性情侶赴美國洛杉磯註冊結婚，紛紛在同志圈引起了廣泛關注和共鳴。同時Blued還參與國際性活動，也吸引了相當規模的海外用戶。

目標用戶黏性強

或許我們無法知道同志人群所佔的比例是多少，但我們可以知道有多少人在用Blued，藍城兄弟在招股書中披露，Blued上線八年以來，已在全球累計收穫4,900萬用戶，覆蓋210多個國家和地區。平均月活躍用戶（MAU）從2018年第一季的410萬增加到2020年第一季的600萬，其平均月活和平均日活用戶分別是國內同行業第二名的6倍和近7倍。

Blued的用戶沉浸度高，黏性強。Frost & Sullivan提供的報告數據顯示，Blued活躍用戶在2019年的日均停留時長超過60分鐘，平均每日打開次數為16次。儘管新用戶的次月留存率與2018年相比有所下降，但2019年Blued仍高達71%。

印韓泰越最大同志社區

龐大的用戶社群讓藍城兄弟的影響力不再局限於中國。根據諮詢公司Frost & Sullivan的報告，Blued已是印度、韓國、泰國和越南的最大線上LGBTQ社區，用戶遍布全球210個國家和地區，海外用戶月活佔整體月活的49%。

客戶消費力強

並且，在變現能力方面，其目標客戶——同志群體佔有一定優勢。Blued的CEO耿樂指出：「由於同性戀沒有家庭，沒有孩子，沒有更多的經濟負擔。所以同性戀群體的消費大概是異性戀消費能力的三倍以上。同時，同性戀更容易被歧視、被邊緣化，因此，他們需要用更優秀的事業更好的收入來證明自己的價值，所有生活的更小資，更有消費欲望」。

這樣的經濟狀況，在國外也被經濟學者稱為DINK（dual income, no kids）——雙收入，無孩子。2019全年，Blued的直播服務每付費用戶產生的平均收益ARPPU（每付費用戶平均收入）達2,059元人民幣，同比增長61%。2020年第一季度的ARPPU也從19年同期的995元人民幣增至1,010元人民幣。而某知名遊戲直播的ARPPU在2018年僅為256元人民幣，根據相關預測到2023年也不過為581元人民幣。

基於用戶這樣的消費能力和消費意願，Blued的營收情況也漲勢猛烈。招股書顯示，藍城兄弟在2019全年營收為7.59億元人民幣，較2018年的5.01億元人民幣同比增長51.4%。從2018年到2019年，公司毛利率從22.5%提升至28%。2020年第一季度收入達2.07億元人民幣，2019年同期為1.45億元人民幣。會員服務付費用戶

也從2018年的8.5萬增長至2019年的45.7萬。與此同時，其會員收入從2019年一季度的310萬元人民幣增長至2020年的1,500萬元人民幣，同比增長390.6%。

除了直播和會員服務，Blued還十分關注其目標客戶的生命周期發展。圍繞著目標群體的需求，Blued進行了社交以外的探索。在「其他收入」方面，2019年1,540萬元人民幣的總營收較2018年增長了161%。招股書披露，這一部分的收入主要是健康和家庭計畫相關，其中的重頭戲便是輔助生殖技術諮詢，即藍色寶貝海外輔助生育業務，Blued與美國、加拿大等地的相關機構合作，為用戶提供試管嬰兒服務。

垂直性社交成潮流

通過對Blued的商業模式的分析，我們不難發現，用戶定位精準，服務體驗完善的垂直性社交產品已成為互聯網社交的熱門話題，擁有著廣闊的發展前景。

其實不僅僅是同志群體在社交過程中面臨重重困難，瘋狂加班的IT男、大齡白領、乃至習慣生活在網絡的年輕人，社交過程充滿障礙與社交品質參差不齊可能是每一個細分群組面臨的問題。

在生活節奏快，社交成本高的時代中，線上下發展到的社交圈往往是學歷背景、工作環境撮合而成，在這樣既定的生活圈中我們很難發掘到精準的自我意識和自如地表達真正的生活態度，所以95後們常常會有「人生不如意事十有八九，可與人言者無二三」的社交體驗。其實上述垂直領域人群的興趣愛好和其他人沒有甚麼不同，線下的生活無非是追劇聽歌看電影。只不過因為年齡、偏好和價值觀等不同，導致他們交友困難。

而像Blued這種基於共同特徵，例如相同的取向、愛好、年齡，建立的移動端垂直社區通過相同的興趣構建起共同語言的基礎，我們不用再忍受一般的陌生人社交中對於自身興趣的不解與偏見，無論

150

你是夜店達人，還是K歌麥霸，抑或身為老二次元都可以在這裏自然的脫下城市生活帶給你的盔甲，同陌生人聊知心話。

也許到了今天，還有著相當比例的人群對於社交軟體存在誤解，認為社交軟體上的用戶多數是抱有荷爾蒙衝動。面對這樣的情況，Blued創始人耿樂認為「性不能作為產品滿足用戶的最主要功能，如果一款產品只是滿足用戶找性夥伴甚至約炮的話，這款產品一定是有問題的。」Blued的發展過程中對愛滋病的科普和防治工作做出的突出貢獻以及目前市面上的一些基於興趣愛好的垂直性社交平台帶給年輕人社交圈的提升改善也應該讓我們對社交產品改觀，今天的社交產品已經逐步轉變成生活、分享、興趣以及提供更多的本地化服務。沒有人是一座孤島，每個人都是廣袤大地的一部分，垂直性社交平台就是興趣導向的洋流，推動我們流向社群歸屬與自我認知，這樣的平台是讓人感到是有在鮮活生動的生活著，是讓人在結束了一整天繁瑣的工作和疲倦的學習生活中感歎一句：「We are synchronized！」

面對不少法律風險

Blued上市後，股價非但沒有跟隨納斯達克指數上升，反而一路下挫。以2020年下旬的股價表現來看表現強差人意。一定程度上證明了客戶和分析或許可能支持你上市，但無法支持你長遠發展。

市場機會廣闊的背後，藍城兄弟同樣面臨著業務收入結構過於依賴直播、法律風險大等諸多發展風險。招股書稱，如果公司無法留住現有用戶或獲得新用戶，或用戶參與度下降，其業務和運營結果可能會受到重大不利影響。

同時，其部分業務的探索也面臨著爭議與法律風險。比如，其2018年上線的「淡藍健康」，雖然試圖打造具備線上問診、線上購藥、試劑檢測等功能的「醫療＋健康＋公益」平台，但因為涉及處方藥管控、醫師規範等多個垂直類醫療APP都難以解決的難題，前景堪憂。而其家庭計畫服務主要針對LGBTQ群體和因特殊情況無法自己懷孕的女性，其中牽涉輔助生殖相關的法律和倫理等問題，同樣存在不少風險。為了變現，藍城此前曾嘗試大力拓展投資人希望其深耕的海外業務，但卻帶來不少虧損。隨後，公司一度選擇不再在社交變現上繼續挖掘，而是另闢途徑，轉做線下旅遊、藍城寶貝等涉及試管嬰兒的健康相關業務。然而，這些業務和其主營業務相對割裂，利潤也不高。其多元業務的探索並不太順利。

另外，財務方面，儘管營收漲勢迅猛，招股書顯示公司業務開展需要的運營開支（operating expenses）也始終龐大：2018年、2019年和2020年前三個月，公司的運營開支分別為2.6億元人民幣、2.74億元人民幣和7,868萬元人民幣，基本上超過同期公司營收的三分之一。在利潤方面，藍城兄弟也一直處於虧損狀態：2018年

和2019年，公司調整後的淨虧損分別為9,025萬元人民幣和5,289萬元人民幣；2020年Q1公司調整後淨虧損為760萬元人民幣，淨虧損率有所收窄，但虧損狀態還在持續。上市並非藍城兄弟商業化探索的終點，想要有進一步的發展，降低運營成本與加強法律監管等也是必須要解決的問題。

圖表5.41　Blued（BLCT.US）股價走勢

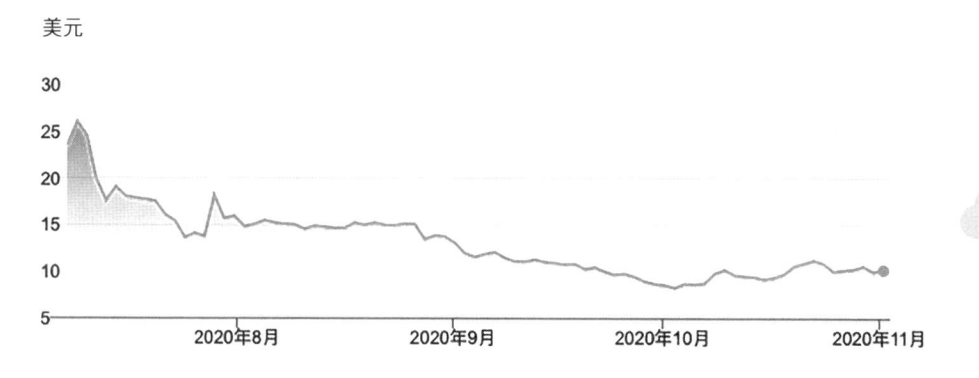

5.5

Match Group 的
垂直社交

筆者在開篇已經談及，Z世代由於其顛覆性的消費模式改變，加上未來消費增長潛力，在近年備受市場關注。其中，專注垂直領域社交的Tinder應該是最受惠的案例。

2020年8月4日，tinder母公司Match Group（MTCH.US）發布二季報：總收入比去年同期增長12%，達到5.55億美元；營業收入為1.96億美元，比去年同期增長14%，調整後EBITDA為2.28億美元，比去年同期增長13%（兩者都不包括Match Group在交易完成前產生的800萬美元的分離費用）；該季度平均用戶數量增加11%，至1,010萬，高於去年同期的910萬；ARPU為0.58美元（不考慮外匯影響0.60美元）。Tinder直接收入同比增長15%，在平均訂戶增長18%至620萬的推動下，部分抵消了ARPU下降2%的影響；

非tinder品牌的直接營收同比增長了9%，主要得益於ARPU增長的5%、平均訂閱者的增長約1%以及非訂閱者一對多的視頻收入。截至8月28日收盤，tinder母公司Match Group股價111.5美元，市值290億美元，其中很大一部分由tinder撐起，它究竟是如何做到的呢？

美國電影般的創業史

相信讀者都有看過美國大學校園相關電影或電視劇，兄弟會和姐妹會往往是不可缺少的一部分，時不時也有因為這些組織大賺一筆的劇情。Sean Rad出生於洛杉磯富裕的猶太移民家庭，成長於Bel Air附近百人的一個波斯社區，很快結識了他最好的朋友Justin Mateen，共同成為了南加州大學新生的一員。南加州大學是加州最古老的私立研究性大學，擁有全美第一的電影系、數一數二的傳媒系和全美頂尖的遊戲和創業學專業。洛杉磯市中心的USC對社交文化潮流的變化十分敏感。

Justin Mateen是南加大某學生組織的一員，與朋友一起開了個娛樂公司——MW entertainment，幫兄弟會/姐妹會組織各式各樣的收費派對。Justin還會同時拉一些品牌贊助，出於籠絡USC闊綽子弟的需求。這項經歷極大的豐富了Justin的人脈，據說當時全洛杉磯的社交達人都在Justin的二度人脈中。

而 Sean Rad 一直從事自己的 side-project——Orgoo，意在整合 email，im 和視頻聊天的統一通信平台。兩年後，Sean 輟學並開始追求他的新 idea——Adly，連接品牌方和名人幫助他們在 twitter 上推廣，成功的案例有讓 Snoop dogg 幫豐田推廣。3年後，Sean 出售了公司，因為厭倦了與廣告方和名人打交道。

2011年底，Sean 離開了 Adly，加入了巨頭 IAC 旗下的孵化器——HatchLabs。在 Sean 剛加入 Hatch lab 後第一個駭客馬拉松上，Sean 與一位叫 Joe 的程式員組隊，後者當時正在做一個將商店與附近的人通過興趣匹配的專案，這激起了 Sean 在星巴克遇到心儀卻不敢搭訕的女生的想法，於是 Matchbox 誕生了。

當場幾乎所有人都立即註冊加入 Matchbox，這給予了 Sean 信心，它很快召集了一支團隊。包括了剛從 SMU 畢業的 Whitney Wolfe。由於和 Justin Mateen 的妹妹是好友，Whitney 認識了 Sean 並申請加入了 Matchbox。暑假，產品初步打磨完成，在重新確定名字的過程中，Sean 想叫 tender（意味溫柔的愛）；也有建議叫 Tinder，最終獲得一致同意。Whitney 建議 logo 改成火苗與名字搭配。gotinder.com 的網址很快也註冊完成，一切就緒只待發布。

Justin Mateen 在名字／logo 確定後開始登場，先是開始定向邀請 LA 所有社交達人註冊 Tinder，當 Whitney 要回德州母校 SMU 時，

Justin提出她可以向當地學校姐妹會介紹Tinder。Whitney Wolfe先是在女生聯誼會演講，讓她們安裝Tinder，而後來到男生聯誼會，男生們打開Tinder便發現他們認識的漂亮女生都在上邊，這樣的策略取得了極好的效果。

2012年9月29日Justin在自家舉行了幾百人規模的南加大泳池party，並提前通知Justin的弟弟Tyler從USC帶了一批社交達人前來參與。整個場地掛滿了Tinder logo，入場資格便是下載Tinder app。Whitney讓女生先入場註冊，而後Justin讓男生入場。從那天開始，Tinder開始了瘋狂的增長之路。與Facebook推廣的常青藤高校戰術不同，Justin和Rad會定向挑選那些Party文化最棒的學校，從私立到公立，一個個推廣。2個月內，Tinder用戶完成了100萬次配對。用戶次日留存達到驚人的80-90%，其中90%的用戶年齡在18-24歲之間。2013年Tinder完成了Facebook深度整合，一舉獲得海量珍貴的Facebook社交數據，當年夏天Tinder安卓版（Android）上線，並贏得TechCrunch年度創業app大獎。

除了美國，Tinder還在英國、澳洲、巴西、土耳其啟動了。彼時Tinder用戶平均每天打開app11次，每天總時長超過1小時。當年春天，20人左右的Tinder開始了擴張，從Tinder app裏招PM和設計師，並從獵頭那招來了幾位工程師。14年俄羅斯冬奧會，媒體報道了運動員通過Tinder在奧運村認識的故事，Tinder一夜之間聲名

大噪。14年Tinder的推廣重點開始泛化人群，開始在夜店以及其他party氛圍濃的街道、文藝區等開始塗鴉以及放置主題logo道具。

14年秋季，Tinder從Benchmark融了一輪資金，Benchmark合夥人，Facebook早期員工，Matt Cohler加入Tinder 董事會，Tinder達到10億美元估值（Tinder唯一一次外部融資）。

14年Whitney Wolfe告Tinder聯合創始人Justin性騷擾，最終Tinder／IAC以100多萬美元庭外和解。不久之後Justin被逼離開公司，好友Sean 也受牽連，Tinder一度增長受阻。拿到和解費後，Wolfe 轉頭創立新的約會軟體——Bumble，與Tinder分道揚鑣。

2015年冬季，Tinder Plus上線（$9.99美元／月）並增加超級曝光功能，Tinder當月營收翻了3-4倍；16年秋Tinder估值達到30億美元；17年暑假推出Tinder gold高級服務，相交PLUS增加查看誰喜歡我的功能，盈利能力大幅上升；2019年Tinder營收達到12億美元，成為蘋果商店和Google商店最賺錢的app。

Tinder 推原創互動劇

作為一款火遍全球的陌生人社交應用，Tinder在190個國家／地區通行，支持40種語言。在全球5,700萬Tinder用戶，有410萬用戶是Tinder付費會員，選擇了Tinder Plus和Tinder Gold優享服務。Tinder Gold的月費為15美元，提供了更多的功能，佔會員用戶數的70%以上。

2019年10月初，Tinder推出了「自選結局」風格的原創互動劇集，一方面這是Tinder首次以內容製作和發行方的身份亮相，而選擇互動內容的一個重要原因，便是自身基於對Z世代的理解。在互動劇集《Swipe Night》中，一顆流星高速飛向地球的大災難背景下，主人公須決定如何度過生命中的最後三個小時的故事，利用左右滑動在7秒內自主選擇劇情，問題製造出的道德困境使得用戶根據自己的行為模式推動劇情發展。在測試結束後結果將在Tinder用戶頁面的資訊欄有所體現，用戶會根據自己的選擇與一組人進行匹配。

與Z世代深入對話

互動視頻由廣受年輕人歡迎的新生代女導演卡莉娜·埃文斯（Karena Evans）執導，基於對年輕一代的深刻理解，埃文斯表達了對內容的思考：「這不僅僅是娛樂。而是要面向Z世代群體進行更深入的對話，我們這一代人所渴望的，是更深層次的聯繫……我在尋找影響、改變甚至塑造文化的專案，《Swipe Night》就是這樣的第一部作品，我希望它成為一個文化的突破時刻。」

作為Tinder用戶尋找配對的新方法，《Swipe Night》互動劇為生活圈並不重疊的陌生用戶之間創造了共同的體驗，也為後續交友創造話題。一位與該專案關係密切的內部人士表示，Tinder打算根據用戶在電視劇中做出決定的方式，創建一種演算法，然後根據這些選擇將他們與自己的戀愛對象匹配起來。Tinder用戶對一群角色在世界末日前夕應該如何度過的獨特看法，會讓他們找到其他有類似想法的人。

基於競爭壓力，Tinder2018年組建「Z之隊」專門研究理解Z世代人群，分別通過圈層（學院）、活躍區域、活躍時段（節假/節展）、內容消費等內容入手。提及Z世代時，Tinder首席產品官梅塔表示，Z世代社交娛樂應用體驗十分分散。「Z世代把大量時間花在娛樂上，YouTube、Instagram、Snapchat……也花了很多時間互相談

論這類線上娛樂，這也是《Swipe Night》製作的初衷，我們在思考如何創造出一種真正有趣的、以內容為中心的、互動式的娛樂體驗，來幫助用戶認識，幫用戶想出真正有趣的話題。」

創造適合Z世代的文化

首席產品官梅塔分享了Z世代核心用戶的思考：「Tinder過去做到的是，將見面的過程變得更加可視化和更具探索性，為全新一代的人打開了網上約會的大門，但那是七年前的事了。《Swipe Night》真正關注的是Z世代的發展方向，即他們如何在整個社會環境中相互影響，發生變化，那我們如何從這些變化中汲取靈感，創造出真正適合Z世代文化的東西，同時基於他們的角度考慮如何利用線上媒體？」

在過去，Tinder憑藉著自身獨特的產品機制俘獲了年輕人們的心。「損失厭惡」＋「隨機獎勵」——你永遠也不知道你能滑到的下一個是誰？你也不會知道那個人是不是也會喜歡你？萬一我錯過了那個他怎麼辦。損失厭惡的心理會持續不斷推動你一直滑。「隨機獎勵」是運用在遊戲和賭場裏的一個心理機制，偶爾的Match會讓你非常開心，給大腦正向的回饋。「一見鍾情」——Tinder的設計模擬了現實生活中的約會場景，更貼近與實際生活。其他網站都會閱讀繁

瑣的個人資料才決定要不要去認識他，而在生活中你要不要去搭訕一個異性，也許就是單憑外表。「減少被拒」——在 Tinder 上，只有互相喜歡對方，才能展開聊天，極大降低被拒絕的心理傷害（許多人在現實生活中不去爭取就是害怕被拒絕）。Tinder 的產品設計：喜歡就是簡單一劃，用戶根本不會記得劃過誰。所以即使被拒絕了，你也不會知道。另外，匹配到的用戶，已經對你產生了好感。在展開對話時候，有良好的心理預期，比完全陌生兩人，成功概率要大得多。

推出「滑動人生」網站

現在面對著更大的競爭壓力，Tinder 一直在創造差異化競爭，在 2018 年 10 月，Tinder 推出名為「Swipe Life」（滑動人生）的生活方式類網站，發布包括與約會男女相關的原創文章和視頻。包含「8 個配對好友突然放鴿子理由」、「為甚麼要盡快與配對好友見面」等等文章。

Tinder 的訂閱用戶數從 2015 年的 80 萬人升到 2020 第二季的 620 萬人，自 2019 年增速開始放緩；由圖表 5.51 也可以看出 17 年 Tinder Gold 推出後收入的增長變化，得益於一系列收費服務，

Tinder日ARPPU近1年多一直保持在0.6美元左右。自5月初以來，Match Group產品組合的支付傾向有所回升。用戶轉化率和ARPU的增長導致第二季度幾乎所有的主要品牌的收入同比增長。在Tinder15%的直接收入增長的基礎上，非Tinder品牌自2016年以來首次實現了連續第二個季度的同比直接收入增長，第二季同比增長9%。

圖表5.51　Tinder營運數據

Tinder	2020Q2	2020Q1	2019	2019Q4	2019Q3	2019Q2	2019Q1	2018	2017	2016	2015
订阅用户数	6200	6,000		5,890	5,670	5,233	4,730	3,925	2,400	1,259	800
增速	*3%*	*2%*		*4%*	*8%*	*11%*					
收入 (千美	323,640	319,464	1,152,000	319,222	312,710	273,163	246,906	805,316	403,216	168,522	166,440
日ARPPU	0.58	0.59		0.59	0.61	0.58	0.58	0.56	0.46	0.37	0.57

Tinder在北美和西歐的復蘇遵循了產品組合的軌跡，但在某些國際市場（包括印度等大型市場）的復蘇滯後，這是由於流行病的持續影響。用戶轉化率的提高，導致第二季度Tinder的首次用戶持續增加。非Tinder品牌在第二季度也顯示出了強勁的跡象。其歷史最悠久的品牌，包括Match、Meetic、Affinity、OkCupid和Liquity of Fish，四年來首次實現直接收入增長。新興品牌也對收入增長做出了貢獻：Pairs的增長率繼續超過日本市場，與2019年第二季度相比，Hinge、Chispa和BLK的變現努力使其收入增長了兩倍。

龐大用戶群推動增長

Match Group利用其龐大的用戶群推動增長的一個強而有力的方法是引入新的、吸引人的體驗,以補充核心約會。一對多直播視頻產品,特別是在Plenty of Fish,得到了不錯的效果和與之相關的創收。大多數主要平台上都引入了一對一視頻聊天功能,包括Tinder的面對面聊天。

企業對老品牌差異化和產品執行力的關注推動了持續發展的轉變,例如:Match軟化了付費牆以提高參與度和免費用戶的保留率,通過重新設計應用程式,為高意向用戶提供優質體驗,從而推動了更高的用戶轉化率和ARPU。Meetic和Plenty of Fish都改善了用戶體驗,從而提高了Meetic的應用商店收視率,並顯著提升了Plenty of Fish的用戶轉化率。

新產品行銷活動,OkCupid和Plenty of Fish推出了新的電視和視頻宣傳活動,這兩個品牌都明顯區別於它們的競爭對手。傳統上更依賴電視行銷的品牌,如Match、Meetic和OurTime,都從電視廣告的有效性提高中獲益,所有品牌都從當前較高的投資回報率環境中獲益。

繼Chispa和BLK的初步發展之後,Match Group慈善事業最近推出

了第三個新品牌，專注於基督教社區。OkCupid正在利用其首次在印度部署的成功上市戰略作為增長藍圖，在土耳其、德國和以色列等市場，它很快成為下載量最大的約會應用平台。

Hinge和Pairs是兩個例子，說明Match Group有能力收購現有品牌，並利用現有的投資組合最佳實踐來推動增長。Match Group同時也在關注專注於穆斯林的app（以前叫Harmonica），它已經最近在12個市場推出，主要分布在中東、亞洲和西歐。目前還處於初期階段，但用戶增長勢頭強勁。Match Group可謂把握細分群組需求的大師，除了股價的表現外，再次論證了大家不需要做一個非常大的市場，專注一塊，同樣可以非常成功。

市值290億美元的背後

Tinder母公司Match Group市值290億美元，總股本2.6億股。除了Tinder外旗下還有Match約會網站，Our Time中老年約會社區，Plenty of Fish約會平台，在日本、韓國、台灣本土化的Pairs等產品。

比較Match Group、Facebook（FB.US）、Blued（BLCT.US）和微博（WB.US）的PE／PS／PB，Match Group的PE高達71倍，其次是Facebook的56倍，微博的33倍與Blued的6倍，目前市場對於

Match Group的盈利預期較高；在四間公司中Facebook的PB最高有6倍，Match Group也接近3.5倍，而Blued的PB甚至不足1倍，資本市場對於Match Group的評價較為積極；四間公司的PS方面，Match Group達到42倍，Facebook是44倍，微博是26倍與Blued是約2倍，Match Group的營業收入相對而言較低。但換角度分析，市場對Match Group的估值更高。

圖表5.52　Match Group（MTCH.US）股價走勢

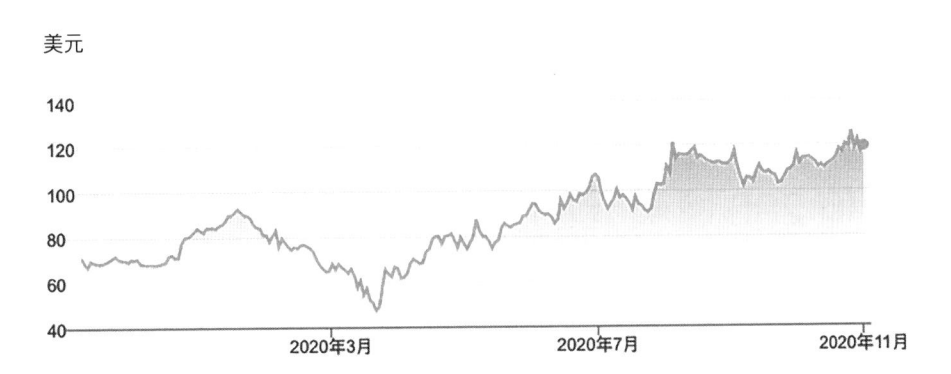

5.6

Snapchat
如何維持高估值？

如果說Facebook已經是老餅的玩意，Snapchat（SNAP.US）應該可以歸納為國外年輕人最受歡迎的社交APP之一。2017年3月公司以17美元的招股價上市，首日即升超過40%，當年公司股價最高觸及29.44美元，可惜到了2018年股價最低下挫至4.82美元，幅度超過80%。受惠於用戶增長和美國科技股上升，直至截稿股價創出了新高達到43美元，短短兩年間變幅超過900%。

由含著金鑰匙出生的90後創辦

Snapchat的老闆伊凡・斯皮格爾（Evan Spiegel）出生於1990年6月，是一個典型的90後。他母親Melissa是哈佛法學院歷史上最

年輕的女性畢業生，但當斯皮格爾出生時，Melissa辭去Pillsbury,
Madison, & Sutro律師事務所的合夥人職務全職培養斯皮格爾。斯
皮格爾的父親John是Munger, Tolles & Olson律師事務所的合夥人。
有這個家底，斯皮格爾從小就在洛杉磯富人區的數千萬豪宅長大。

後來其父母離異（儘管依然很有錢），斯皮格爾考上了斯坦福尼大
學，2011年，斯皮格爾和一些合作夥伴想出了閱後即焚（看到後
馬上就會刪除）的概念，並且在7月份發布和申請專利，最開始的
產品名字叫Picaboo。後來產品大受歡迎，斯皮格爾將公司搬去硅
谷。當然Snapchat最出名的一次豪賭是拒絕了Facebook（FB.US）
30億美元的收購，目前Snapchat市值高達586億美元。斯皮格爾
直至現在，整個人生從投胎開始都是人生勝利組，連他本人感慨自
己的發展史都感慨每個人生下來就不是公平。

精準抓住年輕人口味

Snapchat是一個以短視頻和圖片社交為主的相機應用，其核心玩法
是用戶分享出來的視頻或者圖片，其他用戶看完後會馬上刪除或選
擇24小時自動刪除。與此同時，Snapchat不允許接入任何第三方
插件，用戶沒有辦法透過插件的方式保存內容。所有的用戶顯示的
信息只會有暱稱，加密手機號碼，Email以及定位。在西方國家，

這種玩法能夠很好地保障了用戶的私隱，同時也可以很放心地分享內容而無需擔心被人起底，特別受到年輕人尤其是年輕女性的歡迎。

Snapchat很好地規避了Facebook最大被人攻擊的點，後者會收集用戶的個人資料、瀏覽歷史等資訊，被別有用心的人利用甚至影響國際政局。在其他社交平台深陷一系列隱私醜聞的時候，Snapchat特點成為了它最大的優勢和機會。

儘管Snapchat成功抓中了年輕經濟，但其商業化的發展並不算快。作為流量平台，其盈利模式和傳統推廣平台沒有太大差別，主要是靠廣告收入。但問題是，由於平台和其他使用者都不會儲存用戶記錄，對於廣告而言，就無法利用大數據分析而精準投放。

為了解決這個問題，Snapchat也想了很多點子創新。第一個創新是讓廣告商可以根據客戶的地理位置精準投放不同的廣告，當用戶到了某一個區域時，就會收到該區域的廣告，從而推高投放的精準度。

另一個創新是隨即發送優惠券，客戶也可以隨機收到商家的優惠券，類似抽獎的方式，用戶可以獲取隨機金額的消費券，到了商家買單時候才會知道自己有多少。因為趣味性夠多，就算用戶最終只獲得少少折扣，也非常樂意參與這類活動。

第三個創新是讓用戶主動聯繫廣告商。Snapchat成立了一個
Discovery的欄目，和CNN和國家地理雜誌等大型媒體合作，透過
點擊這個欄目將會看到20多家頂級媒體的入口，而媒體每日會為
Snapchat提供優質內容，廣告則會插入到內容中。

後來Snapchat在所有廣告和贊助商的視頻內加入了購物的按鈕，
和亞馬遜合作開發了一個視角搜索的功能，設計了AR遊戲，大
舉投入了AR濾鏡的功能。其中AR濾鏡的玩法使廣告變得有趣，
也更符合年輕人口味。由於TikTok的火爆，視頻或許將成為
Snapchat另一大業務發展規劃。據媒體報道，Snapchat首席商務官
Jeremi Gorman曾表示，該App的熱門劇集《無盡的夏天》（*Endless*

第**5**章　年輕就是本錢　Z世代消費力

Summer）的觀看量足以比肩《權力的遊戲》（*Game of Thrones*），據統計，Snapchat每天有2.03億用戶上線，他們觀看了100億個視頻。如果能借助原創視頻保住廣告市場，未來依然有較大的發展潛力。

無論是廣告，遊戲還是視頻，Snapchat的核心邏輯還是圍繞年輕人的市場。變現的方式也捆綁了年輕人的興趣偏好和消費習慣。上面的例子可見，同樣是廣告，Snapchat的就是不一樣，同樣是遊戲，Snapchat也和其他人不同。不要小看這些小點的改變，假如斯皮格爾只懂得抄其他平台的做法和商業模式而不考慮自身的屬性和背景，公司可能倒閉。

下一個Facebook？

Snapchat為何上市後股價大起大落？姑且先不考慮財技因素，公司股價的下跌主要因為虧損幅度擴大而新增用戶的速度放緩。至於公司為何之後股價上升，數據上市用戶增長和收入同步提升，背後卻有著一些幸運的原因。

Snapchat 2020財年第三季度財報顯示，第三季度營收為6.789億美元，與去年同期的4.462億美元相比增長52%；淨虧損為1.999億美元，與去年同期的淨虧損2.274億美元相比收窄12%，受到消息刺激，公司股價在公布業績後一度大升22%。

為何說幸運？因為 Snapchat 最大的競爭對手之一 Facebook 在七月份被超過 1,000 個廣告商抵制，以抗議其對仇恨言論的處理方法。另一方面，抖音的海外版 TikTok 非常受到美國年輕消費者歡迎，理論上將會成為 Snapchat 的心腹大敵（因為年輕人的時間碎片有限，玩 TikTok 時間多了，自然會擠壓玩 Snapchat 的時間）。同樣在接近的時間，美國總統特朗普宣布要禁止 TikTok 在美國的業務，市場自然對有同樣屬性和相似功能的 Snapchat 看高一線。疫情的背景下，美國年輕人也減少了外出，對 Snapchat 的影響好壞參半——雖然少了廣告客戶，但用戶規模不斷增長，同時培養了客戶的使用習慣。至今 Snapchat 的估值雖然較 Facebook 依然有相當大距離，但這波觸底反彈似乎證實了上帝還在關照 Snapchat。至於未來如何？只要公司保持創意，說不定有機會變成下一個 Facebook！

圖表 5.61 Snapchat（SNAP.US）股價走勢

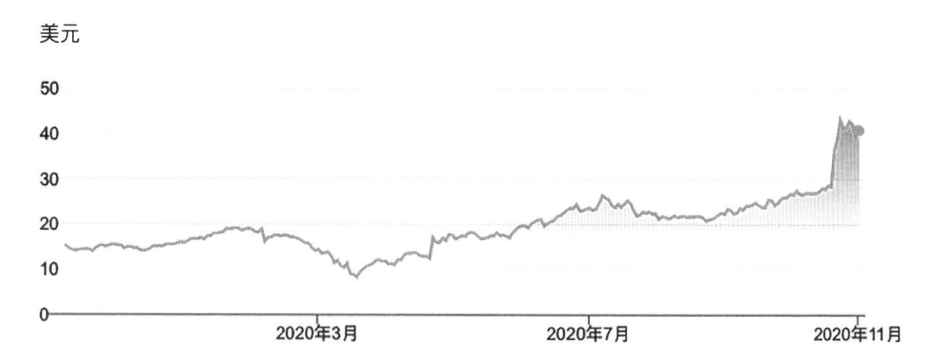

美元

5.7

映客
闖單身藍海市場

「宅經濟」意思是隨互聯網的發展，愈來愈多人選擇「宅」在家中，利用網絡進行購物、聊天、看漫畫、追電視劇和電影等活動，滿足社交和生活需求，疫情也帶來了一些比較正式的「宅」活動，如網上進修和學習、網上會議等。

宅經濟核心組成包括：

1. 大量用戶；

2. 方便快捷的互聯網技術和平台；

3. 豐富的產品或服務供應商；

4. 成熟的物流配套。

按照日本研究，當一個國家人均國內生產總值（GDP）超過6,000美元時，「宅經濟」就會開始冒起，而目前內地正處於加速發展的階段。儘管如此，筆者不認同因為某些行業恰好是風口就盲目追捧的做法。研究「宅經濟」項目時，要考慮清楚切入市場的持續性、技術或營運壁壘，以及其商業價值。

拓「對緣」手機應用程式

假如迷信燒錢做推廣就可解決一切，失敗例子遠比成功例子多。映客（3700.HK）推出眾多宅經濟的泛娛樂項目中，其中一個布局是「對緣」。

圖表 5.71　映客（3700.HK）股價走勢

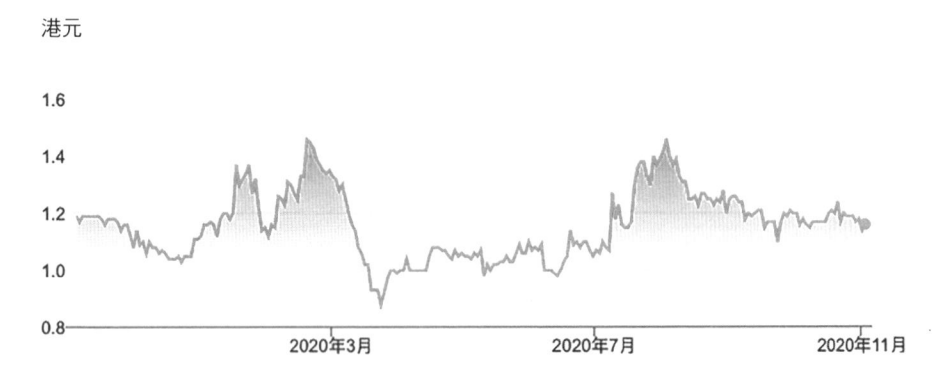

港元

「對緣」是2019年映客成功孵化並推出的live blind dating手機應用程式（App），由於成立時間較短；加上香港電話無法註冊，並不是太多香港人了解。平台的用戶覆蓋28至45歲適婚年齡，內地這個年齡層的單身人數約2.4億人，很難想像未來兩至三年間，這些單身群體全部找到真愛結婚，或全部六根清淨（科學角度，由於離異和遲婚等原因，單身人士很大機會反而愈來愈多），所以這個市場的空間和持續需求是一片藍海。和傳統線下相睇動輒花費數千甚至數萬元費用不同，互聯網成本最低可以降到個位數，旁觀和直連的費用也不高。

同時，互聯網上同樣有紅娘牽線、真人認證、送小禮物、多人Ice Breaking或單對單的模式選擇，線下數小時的交流只能見兩、三個對象，互聯網方式可以認識數倍甚至更多。

用戶增長勝相睇公司

短短一年多，「對緣」的新增用戶速度和用戶規模，已經超越不少老牌相睇公司。正如WhatsApp計劃向用戶收費的計劃觸礁，「宅經濟」生意很怕「叫好不叫座」，平台免費時賺盡口碑和用戶，一收費就被用戶捨棄和謾罵。

「對緣」的商業化價值，在於消費者一開始就認知了安排相睇是要

收費的，為了更準確約見更合拍的對象，用戶往往願意支付更多費用。由於有線下的收費標準作參考，用戶的接受程度非常高。「對緣」能在一眾宅經濟概念項目潮起潮落背景下生存跑出，除運氣外，定位也很重要。

「對緣」繼續發展，還有很多工夫，例如相睇到某一階段，不太可能「網上結婚」，反過來如何和線下結合，可能演變為「對緣」未來的痛點或新盈利點。

網上相睇的成功率如何提高、如何拓展新用戶等，均是公司每天需要解決的問題。幸好項目已贏在起跑線，未來面對競爭時，勝算會比其他公司高少少。

176

5.8

元氣森林
擊中「愛美」心態

不要以為所有的新模式都必須是營業變成網絡化，針對選品定位和推廣技巧進行改變，就算是賣一支水和飲料，也有可能孵化出大品牌。

2020年7月15日，內地飲料公司，元氣森林宣布即將再次完成新一輪融資，投後估值約140億元人民幣。往前推10個月，元氣森林估值約為40億元。從2016年成立至今，這家新茶飲品牌在2020年5月單月銷售業績達到2.6億元人民幣，超出2018全年銷售總和；天貓618，其超過可口可樂成為水飲品類榜單第一名；上半年銷售超8億元人民幣。

無論是請來了乘風破浪的張雨綺姐姐做代言，贊助了《我們的樂隊》

等熱門綜藝，還是在資本市場的備受青睞，每一條新聞都足夠將元氣森林推向互聯網話題的最高點。在微商減肥藥、網紅代餐奶昔和碳酸蘇打水品牌層出不窮的今天，元氣森林在飲料、奶茶、代餐等一眾網紅產品中殺出一條血路，身上黏貼著口感、健康、顏值等多重標籤。

0糖0脂0卡路里

可轉換公司債券NData《報告》顯示，隨著養生理念深入消費者的心智和年輕人對美的追求，增肌減脂、塑身斷糖等生活方式受到追捧。在當下保溫杯裏泡枸杞，戒掉可樂戒油膩的年輕人生活圖鑒裏，健康逐漸成為優先順序選擇，左右著消費傾向。元氣森林的大單品蘇打氣泡水主打0糖0脂0卡路里，切中了健康概念，符合當代消費者的需求轉變。0脂0卡路里對應減肥，0糖對應斷糖，元氣森林的每一個產品定位都直擊著年輕消費者的痛點。

年輕人對無糖健康的追求，並不意味著會對口感做出妥協。把「細路才做選擇，年輕人全都要」當作slogan的後生最常做的就是挨最長的夜晚，敷最貴的面膜。對於飲品方面，目前年輕人已經不會再接受老一輩解渴就算的產品。就算追求健康，在降低熱量的同時，也要盡可能的保持口感。

在這樣的消費者要求下，為了解決無糖產品口感不佳的問題，元氣森林在氣泡水中加入了一種叫做赤蘚糖醇的甜味劑，甜度是普通蔗糖的60%-70%，卡路里卻為0。元氣森林目前全品類都是「無糖」，可以算得上是「Z世代」在燈紅酒綠的生活中的一份救贖。

碳酸口感針對「中年人」

如果說無糖卡位收割了追求斷糖生活的年輕消費者，那麼碳酸口感正打撈回一波「中年人」。

碳酸飲料傳入中國有將近180年的歷史，在20世紀一度風靡國內外，國內80、90後可以說是可口可樂培養出來的「汽水一代」。但

隨著他們步入中年，碳酸飲料帶來的危害如容易造成人體鈣質流失，碳酸飲料中的高磷酸會造成腎臟負擔等等問題也逼使他們不得不在健康和口感間做選擇。根據國家統計局數據，近兩年碳酸飲料行業規模以上企業收入持續呈下降趨勢，2017年收入為876.13億元人民幣，同比下降5.09%；2018年營業收入再降至760.90億元人民幣，降幅為13.15%。2018年可口可樂淨營收同比下降10%。與此同時，與碳酸飲料口感相似的弱酸性代糖飲品在中年人的飲品清單中脫穎而出。

活躍於社交電商平台宣傳

QuestionMobile《2020新國貨崛起洞察報告》顯示，90後、00後熱衷使用短視頻、圖文等內容平台。作為新消費品牌，瞄準了年輕群體，元氣森林也不遺餘力地疊加了新套路和管道，尤其年輕女性紮堆的小紅書等平台。在這類平台上，「戒糖」、「體脂」、「健身」、「代餐」等等是搜索的關鍵字，而元氣森林就又準又狠的抓住了這一點。在小紅書上，元氣森林的種草文章已經有近萬篇，是同為無糖茶飲的東方樹葉的五倍。

而淘寶「口紅直播第一人」，李佳琦的直播間又起到了推波助瀾的作用，無數喜歡和風、戒糖，注意身材的女性在買口紅的同時喊著

OMG，買它買它，一箱一箱的將元氣森林搬回家，完美的實現了一個中心化引爆又去中心化分發的整合行銷式的品牌崛起之路。

除了活躍在小紅書、B站等社交電商平台，元氣森林還在年輕人娛樂流量圈內高舉高打進行推廣行銷，如通過魏大勳、王一博、鄧倫等年輕的流量明星，以及近期因綜藝《乘風破浪的姐姐》話題在年輕人圈子中極火的明星張雨綺來背書，利用粉絲經濟變現。元氣森林還高價贊助了眾多綜藝、節目，如芒果tv的《我們的樂隊》綜藝、東方衛視《我們的歌》節目，以及b站紀錄片《人生一串》、《生活如沸》，高調打造用戶心智。還贊助了發掘、推廣青年電影人的first青年電影展。

擺貨以一二線便利店為主

便利店是一個切入點。在拓展線下管道初期，元氣森林選擇的線下鋪貨對象多以一二線城市的便利店品牌為主，如7-Eleven、全家和喜士多。便利店管道對於初次試水線下管道的零售品牌意義重大。一方面，便利店大多分布在商圈和中高端住宅區，消費者畫像與元氣森林的目標用戶類似，另一方面，便利店管道更容易管控，很少出現竄貨、價格混亂等問題。

借助內地近年來便利店業態的擴張，元氣森林大舉鋪設線下便利店，目前已經覆蓋內地30省20萬家便利店和線下傳統零售商店，這也成其營收中最重要的管道。抓住細分群體的痛點，突擊超級大牌無法觸及的細膩市場，使用新媒體和社交媒體代言人，乾淨俐落快準狠的打動顧客，元氣森林在新品牌鑄造上的教科書式操作已經成為行業的案例。

商業模式：包裝即廣告

元氣森林創始人唐彬森曾表示：「當提到日本這個詞，神經網絡會讓我們聯想到品質，還會聯想到以無印良品這個以品牌文明的日本品牌，而名創優品正是刻意的去跟無印良品建立聯繫，讓你下意識地認為，名創優品和無印良品有關，也和無印良品的關鍵字品質有關。」

看似跟茶飲市場完全沒聯繫的話卻解釋了元氣森林的外包裝設計根源，在產品的包裝設計上，元氣森林的飲料包裝走的都是日系和風的路線，引導消費者將元氣森林與高品質、小資風格建立起聯繫。在日系風格的包裝將高品質植入消費者的產品認知之後，元氣森林在包裝的文字表達上通過採用有辨識度的新奇名字和簡單直接的文案來降低消費者的認知成本。

《益普索Ipsos：2019中國食品飲料行業包裝趨勢洞察報告》顯示，83%的消費者表示非常願意或比較願意購買包裝新穎獨特的產品。那甚麼樣的包裝更容易引人注目呢？消費者心目中引人注目的包裝因素第一名是：包裝產品名字有新意（63%）。

以元氣森林的蘇打氣泡水為例，在飲料的瓶身上一個最醒目的字就是「気」。首先這個字給人的感覺本身就和氣泡水給人的感覺非常相像，都是那種清新、氣泡升騰的感覺。而且這個字沒有用常見字「氣」，而是選用了偏僻字「気」，這樣一來就和其他的產品區別開來，並且更能夠吸引消費者的注意力。

元氣森林的目標人群的消費偏好和其產品主打主題都是無糖零卡，因此在元氣森林的產品上，「0糖」、「0卡」、「低脂」、「0反式脂肪酸」等標語都是被重點顯示。這種簡單直接的方式能夠為消費者搜尋相關資訊提供便利，這也就變相的降低了消費者的決策成本。除了包裝引人注目以外，元氣森林日式風格的廣告，同樣大受歡迎，一位身穿和服的日本少女，手捧著一瓶元氣森林，清新的和風成功實現了「男女通殺」，大家都一致認為「包裝好，代言美」。

然而元氣森林的每一條行銷之道帶來機遇的同時也潛伏著許多風險，AI財經社的一篇「四問元氣森林」也讓輿論從一邊倒的叫好聲中回過神來。

風險：偽日系還能走多遠

日系的包裝給元氣森林帶來人氣打通管道的同時，也引發了外界對其「偽日系」「抄襲」的指責。

如果僅僅是包裝走日系風格吸引消費者的話似乎也無可厚非，但包裝上的文字也在不斷地向消費者強調著，「we are made in Japan」。例如氣泡水飲料包裝上，元氣森林用日文「気」字代替中文「氣」字，「燃」字也非中文，瓶身背後還寫著「日本國株式會社元気森林監製」字樣。元氣森林的優酪乳品牌「北海牧場」在外包裝上標註為「日本廣島大學植物乳酸菌研究所特許專利」，但經調查發現，北海牧場的優酪乳實際由邯鄲市康諾食品、新希望雙喜乳業（蘇州）等國內乳業代工廠生產。

並且，成立4年的元氣森林，產品被質疑涉嫌「山寨抄襲」的聲音一直不斷。據公開報道顯示，元氣森林推出的茶葉禮盒「燃茶」，被指出其包裝和產品設計與日本茶葉品牌LUPICIA相似度高；玉米須茶飲「健美輕茶」與日本可口可樂旗下著名的「爽健美茶」也有相似之處。另外，0蔗糖「乳茶」外包裝也有日本老牌糖果製造商不二家的影子。

但是大家現在已經不再像之前那樣狂熱的唯進口論，當今社會民族

意識的覺醒和自我認同感提升，95後已不再是國際大牌名聲的買單者，他們更需要代表自己民族的東西。

調查顯示將中國元素以個性化的方式表達在商品中，以中國傳統文化作為靈感來源的產品，深受當代年輕人的喜歡。越來越多的國貨受到年輕人的喜愛與熱捧，把自己打造成日系產品獲得市場並不是一條可持續的發展之道。

內憂外患　前路漫漫

元氣森林真正的挑戰在於，它並未建立起堅實的競爭壁壘。首先，氣泡水產品本身門檻不高，搶食者輕而易舉便可跨入。在氣泡水這片新興的市場上，外資巨頭、國產老牌和新興品牌都想分一杯羹。除了元氣森林外，可口可樂、娃哈哈、農夫山泉等老牌企業都開始在相關品類發力。搶食者已經出現，喜茶亦通過官方公眾號宣布，繼通過子品牌「喜小茶」推出首條果汁產線後，又推出了一個新的汽水產線。

喜小茶首批瓶裝汽水主打0糖0脂0卡和纖維+，涵蓋西柚綠妍茶風味、桃桃烏龍茶風味以及葡萄綠妍茶風味三種口味。值得一提的是，喜小茶汽水甜味同樣來自天然代糖「赤蘚糖醇」，這是元氣森林口感制勝的關鍵。

其次，其所依託的行銷、管道紅利仍在，具備可複製性。開賣首日，喜小茶汽水在薇婭直播間進行了限量售賣，25,000箱、30萬瓶汽水瞬間售罄。除了喜茶自身管道，喜小茶汽水也在全家、711、盒馬等便利店以及商超出售。每瓶定價5.5元，與元氣森林氣泡水價格相近。

目前小紅書上已有多篇喜小茶汽水的筆記，在微博、微信也可以看到喜小茶的廣告投放。所有資訊似乎都在傳達一種信號，喜小茶汽水就是奔著元氣森林而來。再者，跟進者的湧入必然會帶來同質化競爭，元氣森林爆品獨特性優勢不再，產品生命周期變短，這也將對其能否持續創造爆款提出考驗。品牌心智的建立是當務之急。儘管業績亮眼，不得不承認的一個事實是，元氣森林依然屬於小眾品牌，品牌輻射範圍有待延展。

當前，在消費者心中，並未形成元氣森林與氣泡水的綁定，像可樂之於可口可樂，氣泡水是否等同元氣森林的價值記憶。品牌迭代煥新層出不窮，消費者喜好善變不定，元氣森林能否在大眾市場做到不可替代，決定著其生命線的長短。想要保持現在的市場地位，元氣森林還需付出很多努力。回看元氣森林的發展史，相信公司很快就會有新搞作。

張雨綺的一句「人氣是人氣，業務是業務，這是兩回事好嗎」讓網友們給她冠以「人間清醒」的稱號，元氣森林也認識到這一點，當前的人氣高漲並不意味著發展前景。元氣森林現在就像一輛高速運轉的火車，某個環節出現問題，列車將會面臨脫軌風險。但如果慢下來，整體運營壓力又非常大，對吸引新資方來說，元氣森林的「故事」一旦乏味將是恐怖的打擊。前有「高牆」，後有「追兵」，市場競爭的加劇、下沉市場的探索、新單品的研發等問題亟需解決，想要打造享譽世界的中國飲料品牌，筆者十分期待元氣森林接下來的出招。但各位讀者不得不承認，元氣森林直至到今時今日，依然是國內近年最成功的飲料品牌之一，其發展的思路和商業模式，對很多傳統行業而言，都有非常大的參考價值和意義。

第 **6** 章

共享經濟
的前途

6.1

Airbnb
共用住宿的優勢

Airbnb 全稱 AirBed and Breakfast，是一家聯繫旅遊人士和家有空房出租的房主的服務型網站。Airbnb 成立於 2008 年 8 月，總部設在美國加州三藩市市，是一個旅行房屋租賃社區，用戶可通過網絡或手機應用程式發布、搜索度假房屋租賃資訊並完成線上預定程式，其社區平台在 191 個國家、65,000 個城市為旅行者們提供數以百萬計的獨特入住選擇。

Airbnb 是一家進行短租服務平台的網站，通過為用戶提供短時期的住宿資訊，完成房客與房租之間線上與線下的交易服務平台。作為一家營運住宿的互聯網公司，Airbnb 的 O2O 模式不同於其他傳統互

聯網服務平台（如美團（3690.HK），滴滴出行），需要更加關注於線下用戶的體驗和感受。

Airbnb線上短租模式就是分享經濟的典型代表。房東可以把限制房源出租，賺取額外的收入，而房客可以以合理或低於平均的價格入住各種特色房源，不僅有居家體驗，還能在當地人家裏享受到獨特的文化沉浸。這也使得Airbnb與傳統酒店、汽車旅館、假日出租房等住所供應商形成了差異化競爭。

撮合房主和房客

Airbnb有個在矽谷都很著名的創業初期的故事。當時網站還非常不知名，每周大概就200多塊錢的流水。這樣的困境持續了一段時間之後，三位創辦者決定坐下來仔細思考一下產品。痛定思痛之後，他們發現當時網站上各種發布的圖片品質都非常差，曝光、構圖這些都很有問題，有些照片像素也很低，幾乎讓人看了肯定不想住。於是他們馬上借了一台單反，確實是借的，飛到了紐約，挨家挨戶給進去給Airbnb的房子拍照。三位創辦者中的兩位都是工業設計出身，加上單反，照片效果自然不差。在接下來一周，神奇的事情發生了，網站的流水上漲到了800多塊錢，幾乎是拍照片前一周的4倍。

2010年Airbnb為屋主推出拍攝服務，高質量的房屋照片帶來兩到三倍的訂單量。除此之外經歷了2011年房主遭洗劫事件後，Airbnb通過增加一倍數量的客服人員，創建負責安全與信任的部門，創建房主安全教育中心，設計增強工具來核實用戶資料，促進租住訂購前房主與租客間的溝通，和為房主提供保險服務，增加了房主與房客之間的信任。

作為一個房屋租賃撮合平台，Airbnb依託共用經濟的理論很大程度減低了其組織成本。在互聯網以前，所有的閒置房間理論上都是可以租賃的，但是由於部分不具備商業價值，也就是說，對於一個房

主來說，需要自己或仲介尋找房客，並且租期較短、需要維護等，以至於把房間租賃出去的成本較高而不能從中獲取利潤。但是，互聯網解決了資訊不對稱問題，能夠把眾多房主原本不能獲利的資源通過較低的成本組織起來，並且通過統一的平台為其尋找房客。

O2O與共享經濟的結合

在Airbnb的擴展期間，與傳統的酒店預訂平台相比，實行了更強的線下管理模式，雇用專業攝影師為房東免費拍照，增加房間吸引力，調高房間的預訂率。與此同時，公司還派員工實地考察，增強對房源和房東的了解與掌握。

針對年輕背包客

Airbnb的初期目標客戶主要為年輕的背包客，主要可以分為以下幾種類型。

1.省錢者
他們最看重價格，其次看重方便的位置，而對環境、真實性、創新性，互動感不太在乎。

2.追求住宿體驗者

他們最看重家庭設施、大空間等。

3.協同消費者

他們最看重真實性的相關指標，也喜歡和本地人的資訊互動，同時擁有共用經濟的理念。

4.務實創新者

他們對家庭設施、真實、新奇性都較為看重、對本地的互動不在乎。

5.互動創新者

他們最看重新奇性和互動性的相關指標。

國際市場：Airbnb主打為年輕窮遊一族提供便宜、便捷、個性化的入住體驗。

中國市場：Airbnb的主要客戶目標為出境遊客、留學人士和部分有一定經濟能力願意嘗試個性化服務的消費者。

新目標市場：Airbnb現在正在尋求擴大自己的業務，目標人群則是商務人士，並為這項業務取名Airbnb for Work。Airbnb共上線

了三項新功能。首先，企業可以使用應用程式和網站上的Airbnb Experiences功能，預訂旅程或是安排航海和烘焙課程等團建活動；其次，企業可租用部分Airbnb房源用於舉辦線下活動和會議；另外，雇主可為因工作搬家的員工尋找暫時的棲身之所。Airbnb for Work自2014年以「Airbnb for Business」的名字上線以來，已經成為了一項吸金的業務。目前，這一業務的預訂量佔到了總預訂量的15%。這項業務的預訂量在2015年到2016年增長了三倍，2016年至2017年又再次實現了三倍的增長。

收取服務費及廣告

Airbnb主要通過向房東和房客分別收取服務費及廣告等獲取盈利，其中房東服務費為租金的3%，房客服務費為租金的6%－12%。Airbnb的高利潤率得益於兩點：一是重品牌、輕資產。輕資產化使Airbnb削減了傳統酒店模式中的冗餘成本，只需追加少量成本投入，就能夠實現擴張與利潤的持續增加。二是差異化的產品及服務獲取高溢價，借助給民宿注入人文價值和良好的視覺體驗實現高溢價。

疫情之下的旅遊業

公司在一份公開信中對員工表示，隨著新冠肺炎疫情的開始，全球旅遊行業陷入停頓，Airbnb正在經歷一生中最痛苦的時刻，由於該公司的業務受到了嚴重打擊，預計2020年的收入將不及2019年收入的一半（Airbnb 2019年收入約為48億美元）。公司將裁員1,900人，佔其全球7,500名員工總數的25.3%。Airbnb 2020年第二季營收為3.35億美元，比第一季的8.42億美元大幅減少，比去年同期下降了67%。

競爭公司疫情期間狀況

Booking Holding（旗下Booking.com繽客和Agoda安可達）2020年第二季淨營業收入為6.3億美元，比第一季的29億美元大幅減少，營收同比下降56.4%。

另外，攜程旅遊2020年第二季淨營業收入為32億元人民幣，約4.48億美元，比第一季的47億美元大幅減少，營收同比下降63.7%。

兩家公司均從2019年1月新冠疫情爆發以來錄得跌幅，由此可見疫情對住宿行業的衝擊十分嚴重。對比Booking Holding和攜程兩家公司，Airbnb在疫情中沒有展現出明顯的優勢，旅遊公司在疫情中都遭遇了重創。

然而Airbnb比起其他的短租平台還是存在巨大的優勢。Airbnb對客人和房東的資訊驗證都比較簡單，整個流程沒有工作人員介入，房東編輯好資訊就能直接發布房源，從而降低了用戶的使用門檻。除此之外，他擁有的房源定價對比功能，可以給出周邊房源的整體參考價位，引導房東和房客進行合理的選擇。相信等疫情全面結束後，Airbnb在旅遊短租市場上依舊能佔據主要地位。

Airbnb 的上市計畫

最近 Airbnb 的 IPO 又再次把它推上了風口，Airbnb 作為共用住宿行業的標桿，估值達到了 300 億美元，預計在 IPO 籌集 30 億美元。

Airbnb 在 2019 年中至 2020 年中這段時間一共消耗了超過 12 億美元的現金用於行銷和籌備 IPO，導致 2019 年前 9 個月共虧損 3.22 億美元。屋漏偏逢連夜雨，2020 年 1 月開始新冠肺炎疫情席捲全球，導致遊客數量大幅減少，Airbnb 的業務遭受重創。歐洲市場的訂單量同比下跌超過 80%，美國市場一度停業。2020 年 4 月，Airbnb 稱獲得了 Silver Lake 和 Sixth Street Partners 領投的 10 億美元債券和股權融資，緊著又獲得了 10 億美元銀團貸款。但是經過這輪融資後，海外機構對 Airbnb 的估值僅為 180 億美元，對比 2017 年高峰時期市值幾乎腰斬。

據《紐約時報》報道，在 Airbnb 最近召開的一次內部演示中，這家公司報告了其總預訂量在 6 月和 7 月已回升至 2019 年的水準，其中 7 月 8 日單日預訂量超過了 100 萬筆。在 2020 年 4 月，Airbnb 在其主頁上推廣了月租功能。在新冠肺炎疫情的高爆發期，封鎖措施嚴格之際，這種長租業務彌補了其短期客戶的流失。在此期間，其長期租賃客戶量大約佔總訂單的 40%。

正是這種能夠抓住市場動向並能做出及時調整的決心，使得Airbnb的IPO進程能夠在疫情下迅速推進。

但是一些人士認為住宿訂單的增多和疫情過後旅遊業的報復性反彈密不可分。參考2003年非典型肺炎，2004年國內旅遊收入較2003年相比增加了將近50%。當時旅遊業和全球經濟處於高速發展階段，而較現在全球經濟狀況來看，很難複製非典後的報復性反彈。

作為旅遊住宿業與共享經濟結合的標桿，Airbnb存在著很大的潛力，但受全球疫情尚未完全結束的影響和經濟不景氣導致旅遊業收入下滑的因素，未來Airbnb的發展狀況還有待考察，投資者需謹慎對待IPO成功後可能出現的短期大幅升值。

6.2

WeWork 的
共用辦公理念

共用經濟是指擁有閒置資源的機構或個人有償將資源使用權讓給他人，從而獲取回報，分享者利用分享自己的閒置資源創造價值。從經濟學角度，共用經濟近乎完美——維基的解讀其有別於租賃經濟，是一種共用人力與資源的社會運作方式。它包括不同個人與組織對商品和服務的創造、生產、分配、交易和消費的共用。常見的形式有汽車共用、拼車、公共自行車、共用行動電源，以及交換住宿等。與此同時，共用經濟又具有弱化擁有權，強化使用權的作用。

但是事實上，目前大量營利公司所宣揚的「共用經濟」並不是利用閒置資源，而是製作了那些專門用於「共用」的商品，本質上就是「租賃經濟」。例如內地曾非常熱鬧的共享單車爭議，為了搶奪市

場，最終的結果是大量單車被生產出來，整體的單車數目並不是減少而是增多，甚至出現了共享單車墳墓。即使在香港，假如讀者去元朗南生圍或者大生圍郊游，途中也可以見到一些。

究竟共享經濟還有價值麼？本章將會分析三個案例，分析一下這個新概念發展到現在的情況。

WeWork 創業 10 年　天堂與地獄

有時候熱門概念只是一句口號，其中可以衍生之非常多的使用場景。但有時候熱門概念也並非能應用到所有的商業模式中，共用經濟的興起讓亞當看到了商機，但 WeWork 的慘痛失敗經歷似乎證明了共用的理念在房地產業內說不通。

2010 年 31 歲的猶太裔青年亞當和自己的建築師朋友在美國紐約市的格蘭街 154 號創立了 WeWork。 此後，短短幾年間，他們將共用辦公業務先後從美國的紐約、洛杉磯、波士頓、西雅圖等地，一路擴展到倫敦，特拉維夫、上海等地。2016 年底，WeWork 已在全球 34 個城市管理著 111 家共用辦公空間，成了共用辦公領域的新經濟企業。

伴隨著規模的急速擴張，WeWork 的現金流捉襟見肘。彼時，剛募完 1,000 億美元，尋找下一個阿里巴巴的軟銀願景基金出現了。孫

正義聽亞當的共用辦公遠景，隨即決定投資44億美元，並叮囑亞當一句「WeWork還不夠瘋狂，我要你把它做大100倍」。在軟銀願景基金的協助下，不到兩年，WeWork的規模翻了近四倍。截止2018年底，WeWork進駐到全球100個城市，擁有425家共用辦公空間。

2019年初，軟銀再投20億美元後，WeWork的估值高達470億美元，成為僅次於Uber的第二大共用經濟新經濟企業，並啟動了自己的IPO計畫。可惜，誰也沒有料到，這個看似寫好的商業劇本突然劇情反轉。先是美國二級市場投資者不再為「尚未證明有盈利能力」的企業買單。Uber（UBER.US）在上市前夕被逼降低估值目標，從最初的1,200億美元，降到了824億美元，截至目前，Uber股價已較發行價跌去了38%，市值僅為486億美元；Lyft（LYFT.US）的情況也類似，目前交易價格是42美元，比它的IPO發行價72美元低了42%。

其次，WeWork創始人亞當又深陷醜聞危機。他吸食大麻縱情享樂，為謀取私利將自己註冊的商標高價出售給公司、將自己的豪宅高價租給公司。WeWork的公司治理更是一團糟，公司高管均為其親屬，他還任命自己的妻子為公司未來接班人……發生在創始人身上的一連串醜聞，使投資者對WeWork是否擁有完善的公司治理結構產生了質疑。

圖表6.21 Uber（UBER.US）股價走勢

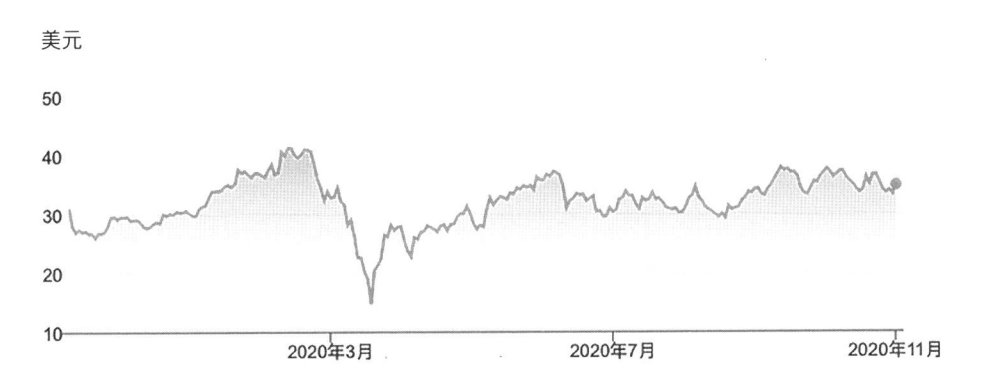

圖表6.22 Lyft（LYFT.US）股價走勢

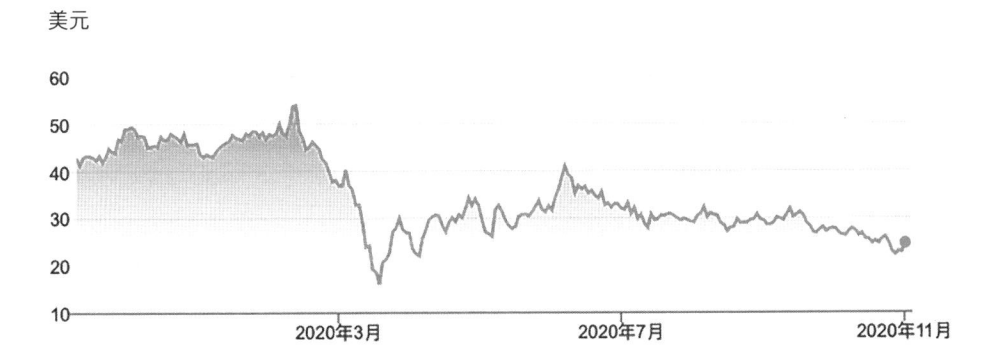

大舖分割成小空間出租

究竟WeWork的失敗是管理和運營失敗還是商業模式的失敗？其實WeWork的模式很簡單，直白講就是在市場上找到房產，長租下來，然後改造成共用辦公空間，然後以更高的價格出租給個人或者初創公司。總結共用辦公的商業模式分為：

「空間」—「服務」—「流量」—「資本」四個層次。

「空間」的意思是WeWork利用較平的價錢整租大面積空間，通過設計裝修，分割成小空間出租，最小單元一張桌子、一個辦公室出租

204

賺取差價（是否很有香港業主分租房的味道）。加上會議室、洽談區、公用前台、休息區、甚至公共茶水間、廚房。在空間提供方面分為自己投資整租和與物業方合作、品牌輸出、託管收服務費等模式。

共用辦公品牌大都建造了具有特殊美學特徵的辦公場所。玻璃牆，植物，茶台書吧以及簡潔明快的辦公桌椅。非常吸引年輕一代創業者，入駐企業主一般都比較年輕。

「服務」方面，主要體驗在WeWork對企業提供給非常多的服務選擇，人資招聘、培訓、學習等；財稅記賬、報稅、財稅規劃；法務，擬定合同、法律指導；工商、行政等服務。另外，對企業創業服務，創業輔導、業務資源對接、資本資源對接、國家補貼申報等服務。另外還有提供給企業或員工個人的健身房、咖啡廳、自習室等空間延伸服務。以上這些服務有自建服務團隊、合作三方資源、投資相關服務公司股權等形式。圍繞搭建企業服務產業鏈做整合賺取服務差價。

租賃業務成本重

WeWork非常重視對相關服務企業的投資。還投資了大量與企業服務相關的科技型公司，如會議室預約與分析系統提供商、數字簽到

系統提供商、建築業移動通訊服務提供商、編程培訓服務提供商等。圍繞辦公各個維度、上下游鏈條搭建全生態產業鏈。

作為租賃業務服務商，假如沒有租戶，除了房租之外，還有一系列管理成本。WeWork對流量有自己的理解。從空間服務到企業服務到人的服務，人是一切的核心。辦公需求也最終會生長為情感需求、文化需求。每一個辦公品牌一方面在自我文化建設上「得」人心，也在經營「人流量」的同時思考第三層次的差價。

在WeWork的招股說明書中，在這個層次做了非常重要的延伸。這也是創業故事講得好不好，決定未來可暢想的空間大小，也直接決定了企業估值的大小。WeWork的商業模式講述的是空間運營＋社區故事，空間會員會費佔總收入的83%。

有了共享辦公室的概念，錢應該是一切商業模式的前提。尤其是租賃業務的成本非常重，這就要求公司有大量的資本。針對不同的收入模型，融資的方法也會有不同。細分之下，租客要麼負責按時交租，要麼選擇用自己公司的股權替代部分或全部租金（孵化器模式，WeWork優選挑選項目），對應WeWork每一個項目的資金來源可以是政府，私人機構甚至個人投資者。當然前者擁有相對穩定的現金流，WeWork也透過租賃信托的模式進行融資和發展。

商業模式最後都會歸結為對「人」的服務和「資本」的運營。目前，

共用辦公的商業模式基本都是以上的組合。每個品牌各有側重，自我組合。

高增長下的隱憂

據招股書，WeWork 的增長速度不可謂不快：

2016 年，WeWork 全年收入 4.36 億美元，2017 年為 8.86 億美元，2018 年為 18.21 億美元，僅在 2019 上半年，收入就達到了 15.35 億美元。增長率幾乎保持在 100% 之上。自 2018 年 6 月至 2019 年 6 月，其工位從 30.1 萬個增長到 60.4 萬個。

當然不出意外，WeWork 還是一家虧損的公司。意外的是，2018 年 WeWork 的虧損金額超過了 Uber 和 Lyft。這讓共用經濟的盈利能力再次遭受質疑。

WeWork 的經營成本也相當之高，2018 全年淨虧損為 19 億美元，Uber 和 Lyft 同期分別為 18 億美元和 10 億美元。WeWork 今年上半年淨虧損已經達到 9 億美元。

做的越多，虧的越多，這也是共用經濟最典型的問題。WeWork 目前的收入幾乎只能夠支付租金、裝修等運營空間的費用。WeWork 還在招股書中披露，其簽署的未來最低租賃支付義務為 472 億美元。

WeWork賬上還有24.73億美元現金類資產，但總負債約為220億美元，主要為未來需要繳納的租金，還有13.42億美元長期債務。此外，WeWork發行公司債融資，曾因為盈利能力太差而被評為「垃圾債券」，目前在交易市場也處於虧損狀態。WeWork還在招股書中強調，其擁有大約1,000名工程師、產品設計師和機器學習科學家，致力於對運營業務的複雜系統進行構建、集成和自動化。因此，與傳統替代方案相比，能夠以更低的價格為會員提供優質體驗。

WeWork拿出的數據是：傳統企業租賃辦公空間，為每個員工付出的成本是每年1.7萬美元，WeWork則能夠把成本降低到7,304美元。不過，WeWork沒有解釋他們的科技業務系統如何完成了成本的優化。可惜的是資本市場並不認可，在決定放棄首次公開募股的時候，WeWork的估值已經降到100億到120億美元區間——相比較於年初的470億美元蒸發了近75%。

面臨困境的WeWork並非孤例。Regus和HQ Global Workplaces早在2000年就通過類似的基礎商業模式，租賃改造，然後提供短期轉租，得到了投資者的追捧。他們認為Regus和HQ Global Workplaces可以利用辦公室業務打造一個面向成長型公司的龐大服務網絡。但是隨著科技泡沫破裂，共用辦公的服務需求和營收均大幅下降，在長期租約和債務的困擾下，HQ和Regus的美國子公司均

申請了破產保護，最後倖存下來的僅有Regus。這意味著，共用辦公的發展與行業環境緊密相關。

由於身攜濃厚的互聯網基因，共用辦公企業並不滿足於只做工位及辦公空間的提供者，更多的是希望扮演「資源對接商」的角色，這對共用辦公企業本身的資源嫁接、運維籌措、系統服務的能力都提出了前所未有的挑戰。其中一個重要風險在於，當由於科技泡沫破裂導致需求下降時，共用辦公的營收也會隨之下降，而它所需要支付的租金卻遵循房地產發展規律依舊維持不變。

估值高達470億美元

憑藉新經濟公司的概念，WeWork估值在2019年1月一度達到470億美元。根據可轉換公司債券 Insights數據顯示，19年年初，Uber估值720億美元，WeWork估值470億美元，Airbnb估值293億元，國內的滴滴出行估值也有560億美元。可見，WeWork所獲高估值與其對標的共用經濟行業繁榮發展不無關係。

2020年8月，WeWork提交招股書，其估值從470億美元縮水至75億-80億美元。軟銀終於坐不住了，孫正義坦言WeWork是「一項失敗的投資」，並敦促WeWork暫停上市。9月30日，WeWork撤回了招股說明書，上市擱淺；10月22日，亞當辭去了WeWork

的CEO並徹底離開了公司；接著，軟銀再投資50億美元全面接管WeWork。

WeWork也在招股書中承認，儘管他們開闢行業先河，但這個行業幾乎沒有准入門檻。如果橫向對比另一家比利時的共用辦公品牌IWG集團（前身是1989年成立的Regus商務中心），你就會發現WeWork470億美元估值高的離譜。

截至2018年上半年，IWG集團已建立起全球超過250萬人的會員社區，在110個國家的1,090個城鎮擁有3,211個辦公中心，提供近50萬個工位。無論是會員數量，覆蓋國家和城市，運營的辦公

地點數量，還是全球的租賃面積，IWG集團都遠超過WeWork，但其估值卻只有37億美元。

WeWork想做的，是通過互聯網改變人們對於辦公空間的傳統認知，但實際上，其商業模式還停留在簽訂長期租賃合約，再將物業轉租給企業客戶的舊有模式框架裏。

招股書顯示，WeWork成本支出中佔比最大的部分是辦公用地的運營費用，其中大部分來自於租賃費用，WeWork通常與房東簽訂10到15年租賃合同，費用則分攤在每期的費用支出中。2016年到2018年期間，這部分運營費用分別為4.3億美元、8.1億美元和15億美元，佔總營收的比例分別為99.3%、92.0%和83.5%。

由此，WeWork科技公司屬性被質疑，一些投資者認為，WeWork不是科技公司，只是房地產企業，不宜享受高估值。WeWork不能只講新時代的二房東故事，租用商業地產，裝修成漂亮的辦公室，開發會員模式而從中套利。這種共用辦公空間的商業模式並沒有「護城河」。

WeWork已經推出了一支名為ARK的投資基金，用於投資房地產。而早期WeWork為了保持輕資產的運營模式，主要通過租賃獲得辦公空間。WeWork希望擺脫共用辦公的標籤，目前已經發展出WeLive共用住宿、WeGrow共用學習等業務。

收購互聯網和軟體企

值得關注的是，WeWork一直在收購互聯網和軟體企業。據 Crunchbase，WeWork目前完成了17項收購，包括收購線上活動組織網站Meetup。2020年收購的6家公司大多數為業務相關的軟體公司或者互聯網企業。WeWork在招股書中規劃了公司未來：我們的全球平台是一站式商店，會員可以訪問他們所需的所有產品和服務，使他們能夠工作、生活和成長。我們已經開始構建一系列We Company產品，並開發第三方合作夥伴網絡以滿足我們會員的需求。

但行業懷疑WeWork的收購行為只是為了強化「科技企業」的標籤，提高上市估值，能否改善公司盈利能力還是未知數。WeWork則需要借由上市融資和快速擴張控制市場。當競爭對手難以望其項背，就可以牢牢佔據行業頂端，再對其他業務方向徐徐圖之。

6.3

共享單車的
新經濟啟示

首先必須說明一點,共享單車其實並不是真正意義上的共享,畢竟單車的擁有者並不是你或我,而是平台,我們只是租用其一部分時間,本質上,和我們打的士是差不多的道理。

共享單車也不是新概念,根據文獻和報道,早在1965年荷蘭已經有一班年輕人將數十部同樣顏色的單車放置在街道讓人使用。單車沒有鎖,也沒有停車位,途人可以隨意使用。可惜後來大部分單車都不翼而飛,剩下的損耗也非常大,導致計劃無疾而終。

1965年單車也許還是貴價貨,人性抵擋不了貪念,到了1996年,紳士國家英國推出了嘟卡租車服務,隨後很快蔓延至歐洲多國。用戶可以在特定地點取車及還車,利用磁卡記錄完成交易。但無法解

決的是，在某些特定時間有可能出現到了車庫才發現沒有單車，而交還單車時候也可能會遇到已經爆滿等情況，客戶體驗依然有相當大改進空間。

隨著科技發展，物聯網，手機支付和定位技術成熟，中國市場孵化出來的共享單車模式「新」在用戶可以透過手機運用程序，隨時查到哪裏有單車可以租用。停車時，也不需要再去到固定位置，第一次實現隨停隨上。最巔峰的時候，國內有數百個共享單車平台，就連香港都有超過8個共享單車平台在運行，風頭一時無兩。

共享單車的商業模式

既然這麼理想，為何香港目前共享單車絕跡？其中一個原因是盈利模式的變數太多。部分公司每架單車的成本大約在300元人民幣，用戶押金為299元人民幣，理論上只要用戶比單車數目多，公司已經收回大部分現金流。每次客戶使用單車平均消費0.5元人民幣，每日消費4次，150日就可以回本。但內地和香港的共享平台都沒有預料到現實和理論存在巨大差距。

香港平台的原因很簡單，一方面是用戶素質參差，也有部分靠租單車為生的店舖故意損壞單車或者隨便停泊，而政府的政策是發現違規停泊的單車會對平台進行罰款，運營成本極高，短短一年內就有多間共享單車平台倒閉。

內地的原因相對複雜，不少地區的政府都有支持，但行業競爭非常激烈，為了融資或者發展等目的，各大平台不得不透過大規模投放單車數目來擴大市佔率。某些城市只有300萬人口，所有平台投放的單車數目隨時超過400萬部，北上廣深更是重災區，公司現金流無法透過用戶的押金進行覆蓋，虧損擴大最後連用戶的抵押資金也出現損耗，一旦被人惡意攻擊或者用戶察覺，大規模的退押金操作隨時就令平台周轉不來而倒閉。

美團單車為何能扭虧？

外賣一哥美團（3690.HK）在2018年用12億美元現金和15億美元股票以及協助償還10億美元債務的作價，收購了國內的共享單車龍頭之一摩拜單車（合併後改名美團單車並直接嵌入到美團APP中），曾經也被投資市場質疑其收購成本之貴。但2020年居然傳出單車業務有望扭虧為盈，美團的股價也比2018年時翻了8倍。投資市場並沒有因為美團收購了共享單車的業務而將美團的估值下調。

美團聰明的地方在於將共享單車看作了一門流量的生意，而且是一個啟動非常頻密的入口。

每個人手機上也許有很多款APP，但每日都點開的，往往只有三四款。摩拜雖然生意模式存在疑惑，但其擁有超過1億用戶（隨後從報表反映應該有接近4,000萬的活躍用戶），嵌入到美團APP後，為美團的其他業務尤其是外賣業務帶來了更大的曝光。與此同時，美團的流量數以億計，一個集成的大APP也能吸引用戶更多的使用摩拜單車服務。至今，美團單車的服務收費出現了提價，這不單意味著美團扭虧為盈的可能，更證明了美團單車不怕失去用戶的底氣。

雖然美團單車只是非常接近成功，市場目前對他的估值就算高，也不會高的離譜。其併入了美團之後，市場對美團更看重的依然是外賣業務。但不得不說，美團單車論證了一個高頻使用的共享場景，其背後帶來的流量有可能不是靠本身業務變現，而是轉化到其他業務身上。正所謂羊毛出自豬身上，也許就是說這種新經濟模式吧！

總結

總結

李小加雖然離開了港交所，但大家不應該忘記其在任期間，港交所改革允許同股不同股權和未盈利的生物科技企業來港上市。結果是，許多具備潛力和已經不能用新經濟企業來形容的大型企業來港上市。

市場期待特斯拉扭虧

新經濟企業燒錢擴張越來越普遍和被市場認可。特斯拉（TSLA.US）還沒有實現盈利市值就超越大眾（VOWG.US）和通用（GM.US），市場期待特斯拉扭虧的趨勢能夠持續並且持續擴大盈利。雖然拼

多多（PDD.US）和Snapchat（SNAP.US）股價都曾經跌破發行價，然而其龐大的用戶數目假如真的能找到盈利模式，潛力也許不能小覷。

一旦扭虧 股價動輒升一兩倍

不要看目前某些虧損中的明星公司股票看起來很貴，如果真的能盈虧打平，股價翻一兩倍是輕輕鬆鬆的事情，當然這僅限於具備影響力的科技企業。

我們無法預測哪一隻股票能夠讓我們發家致富，但新經濟企業的基因決定了改變人類生活最快的必定會在其中出現。所以想挖掘十倍股，筆者的貼士是，專注細分賽道（如互動社交，互動遊戲），留意上市和扭虧的兩個黃金入場時機。正如前文描述了大流量公司招股時候買，短炒值博率高；長線而言，當公司出現年度經營收入扭虧為盈時，證明了商業模式的可行，買入的安全性和回報也更高。

Wealth 125

10倍速獲利
揭示新經濟的爆升商業模式

作者	林子俊
出版經理	呂雪玲
責任編輯	Wendy Leung
書籍設計	Stephen Chan
相片提供	Getty Images
資料搜集及整理	楊梧桐　賈路康

出版	天窗出版社有限公司 Enrich Publishing Ltd.
發行	天窗出版社有限公司 Enrich Publishing Ltd.
	香港九龍觀塘鴻圖道78號17樓A室
電話	(852) 2793 5678
傳真	(852) 2793 5030
網址	www.enrichculture.com
電郵	info@enrichculture.com
出版日期	2020年11月初版

承印	嘉昱有限公司
	九龍新蒲崗大有街26-28號天虹大廈7字樓
紙品供應	興泰行洋紙有限公司

定價	港幣 $138　新台幣 $580
國際書號	978-988-8599-55-4
圖書分類	(1)投資理財　(2)工商管理